BIBLIOGRAPHIE

ET

ICONOGRAPHIE

DE LA MAISON-DIEU

NOTRE-DAME DE LA TRAPPE

AU DIOCÈSE DE SEES

De Dom A.-I. LE BOUTHILLIER DE RANCÉ

Abbé et Réformateur

DE CETTE ABBAYE

ET

EN GÉNÉRAL

DE TOUS LES RELIGIEUX

DU MÊME MONASTÈRE

PAR

Henri TOURNOÜER

MORTAGNE

MARCHAND & GILLES	GEORGES MEAUX
Libraires-Éditeurs	Imprimeur

M. DCCC. XCIV. 1894

AU RÉVÉRENDISSIME DOM ETIENNE

Abbé de la Grande-Trappe

Mon Très Révérend Père,

Vous voudrez bien accepter l'hommage de cette publication destinée à résumer en quelques pages l'œuvre de ce grand monastère à la tête duquel vous avez été placé. Je ne puis mieux faire que de la mettre sous votre bienveillante protection ; héritier des plus nobles traditions de la Trappe vous devez avoir à cœur de recueillir tous les souvenirs qui s'y rattachent et je m'estimerai heureux et satisfait si, pour ma faible part, je peux contribuer au travail d'édification et de restauration que vous avez entrepris avec un soin si particulier et que vous achevez avec un plein succès.

Veuillez y voir aussi le témoignage de ma respectueuse et haute considération.

H. TOURNOUER.

Saint-Hilaire-des-Noyers, 25 février 1894.

INTRODUCTION

Nous voyons depuis plusieurs années les travaux bibliographiques se multiplier et nous devons nous en féliciter grandement. A une époque où l'activité intellectuelle est si développée, où le désir de connaître, d'apprendre, d'approfondir chaque branche des connaissances humaines est poussé si loin, il convient de mettre entre les mains des chercheurs des matériaux pratiques qui facilitent leur tâche et encouragent leurs efforts. Nous arrivons à une période d'existence où il est utile de se reposer un instant, de jeter un regard en arrière, pour voir le chemin parcouru, pour reprendre de nouvelles forces avec de nouveaux moyens d'actions. Les siècles voisins et le nôtre en particulier ont tellement produit, les publications ont pris une extension tellement considérable, les travaux de toutes sortes ont afflué d'une façon si prodigieuse que celui qui veut entreprendre une œuvre originale, si tant est qu'elle est originale, éprouve une véritable peine à s'orienter dans ce vaste courant où l'œuvre qu'il veut poursuivre a déjà peut-être été conçue, ou la question qu'il veut tenter d'aborder a déjà été résolue. Les bibliothèques publiques, encombrées, débordées, sont obligées d'ouvrir sans cesse de nouvelles séries de catalogues pour tenir en haleine ses lecteurs, nomenclatures qui n'ont souvent plus de suite parce qu'elles n'ont pas été élaborées d'un seul jet, qui sont pourtant indispensables, mais dont on n'apprécie les services qu'après un long apprentissage. La bibliographie surtout doit nous être d'un secours précieux, nous parlons de la bibliographie spécialisée, qui, en prenant un sujet à son début pour le conduire jusqu'à sa mise au point, présente l'opinion de plusieurs siècles sur une question ou résume en quelques pages l'œuvre d'un même écrivain.

Il est donc à souhaiter que les grands traits de notre histoire soient ainsi recueillis, que chaque gloire nationale ait son monument littéraire, comme l'ont déjà Molière, Corneille, Racine, bientôt Jeanne d'Arc (1) et d'autres encore, que toute province possède son memento, sorte de livre d'or, où soient inscrites ses productions de chaque jour, que toute conception digne d'intérêt ait ses annales bibliographiques, chartrier qui rappelle son existence dans le passé et dans le présent.

A notre tour, nous venons apporter une pierre à cet édifice en donnant aujourd'hui la bibliographie d'un ordre fameux, qui compte déjà plus de huit cents ans de vie, et celle d'une auguste figure qui restera toujours le type du plus grand des mondains comme le modèle des plus hautes vertus.

L'abbaye de Notre-Dame de la Trappe, établie vers 1140 par Rotrou le Grand, comte du Perche, florissante au début sous l'influence de ses illustres fondateurs et protecteurs, relâchée dans la suite, reprit un nouvel éclat au milieu du xviie siècle lorsque Armand-Jean Le Bouthillier de Rancé en devint l'abbé et le réformateur. Réorganisé à l'époque la plus brillante du règne de Louis XIV, à un moment où dans toutes les branches, art, littérature, armée, politique, s'épanouissaient des intelligences supérieures, ayant à sa tête l'héritier d'une noble famille à l'âme forte et chaleureuse, dont les relations étaient journalières avec les plus hauts personnages de son temps, ce monastère ne devait pas manquer de fixer l'attention, de susciter l'approbation des uns en même temps que les critiques des autres et d'exciter des jalousies de couvent. N'était-il pas surprenant, en vérité, surtout au milieu d'une cour aussi éblouissante, de voir un homme, dont la jeunesse avait été plus qu'orageuse, quitter tout à coup les jouissances que semblait lui réserver sa situation dans le monde, renoncer à un avenir brillant, partager ses biens, abandonner tout, naissance, fortune, adulations, pour établir dans un cloître la règle la plus austère, la discipline la plus ferme et la plus dure, les privations les plus pénibles ? Ardente, cette nature avait besoin de se donner entièrement ; elle avait épuisé de bonne heure tous les attraits de la vie, jusqu'à en éprouver le dégoût, il lui fallait marcher vers le bien, jusqu'à en extraire tout le baume pour son cœur brisé, jusqu'à donner l'exemple de l'existence la plus mortifiée et la plus sainte.

(1) E. Picot, *Bibliographie Cornélienne*. Paris, 1876. — P. Lacroix, *Bibliographie Moliéresque*. Paris, 1875. — P. Lanéry d'Arc, *Le livre d'or de Jeanne d'Arc*. Bibliographie raisonnée et analytique des ouvrages relatifs à Jeanne d'Arc. Paris, 1893, non mis dans le commerce.

A cette œuvre de perfection chrétienne, l'abbé de Rancé sut joindre une œuvre d'édification. Moine, il le devint par conviction et par raisonnement; écrivain, il l'avait toujours été (1) et il ne cessa de l'être pour la glorification de sa réforme, pour l'établissement de sa règle, pour la défense et la divulgation de ses idées. Il ne lui suffit pas de prouver par des actes l'excellence de la vie monastique telle qu'il la comprenait, il voulut aussi en laisser après lui des témoignages. Il tenait en outre à aborder ou discuter les points qui, dans la discipline austère qu'il avait imposée à ses religieux, pouvaient effrayer et prévenir certains esprits; non pas certes qu'il le fît par ostentation, car il prit souvent la plume à contre-cœur, mais par ce désir du bien qui ne le quittait pas et qu'il voulait répandre autour de lui. On peut donc dire que du fond de sa cellule il fut un véritable apôtre. Le nombre des lettres qu'il écrivit est incalculable; nous les étudierons plus loin et nous verrons avec quel tact, quelle bonté, quelle simplicité il correspond avec les grands comme avec les humbles, sage dans ses conseils, aussi indulgent pour les autres qu'il était sévère pour lui-même, mais ferme toutefois et ne cessant de vouloir la réforme des âmes

---

(1) Dès l'âge le plus tendre, le goût de l'étude fut très prononcé chez l'abbé de Rancé; on sait qu'à l'âge de treize ans il faisait imprimer et dédiait au cardinal de Richelieu, son parrain, une nouvelle édition d'Anacréon, accompagnée de commentaires grecs. Malgré sa vie agitée, il ne cesse depuis lors de travailler et lorsque, désabusé du monde, il se retire en sa terre de Véretz pour y étudier en silence sa vocation, il passe ses journées entières à lire ou à interpréter les Pères de l'Eglise : « *Je vous ay mandé*, écrit-il à monsieur Arnaud, *que j'avais comencé par P. A. que je lis avec une extresme exactitude et où je trouve des chozes et des manières de les dire qui me ravissent, c'est l'employ des heures du matin; pour l'après disner, je lis Eusèbe, et ensuite j'irai pas à pas par le chemin qui m'a esté marqué. J'ay traduit l'épistre de saint Basile à Patrophile, l'aplication m'en a paru la plus juste du monde pour quantité de chozes qui se sont passées de notre temps...* » (10 juillet 1658. — Bibl. de l'Arsenal. 6035. f. 223). Quelques jours plus tard, il ajoute : « *Je vous envoirai au premier jour la traduction que vous me demandez, on me fera le plus grand plaisir du monde de l'examiner dans l'extresme rigueur, car je suis homme qui aime que l'on me die les vérités et je ne suis nullement incorrigible, je veux dire que j'ay assez mauvaise opinion de moy et que je suis assez jeune pour devenir plus habile que je ne suis si Dieu m'en fait la grâce...* » (30 juillet 1658. — id. f. 228). Il envoie cette traduction le 20 août : « *Je vous supplie qu'elle ne soit point espargnée afin que j'en puisse faire mon profit; j'ay fait la choze sur le grec qui m'a paru très mal entendu par l'interprète en quelques endroits....* » (id. f. 230). Nous pourrions multiplier les citations; celles-ci suffisent à montrer que l'abbé de Rancé arriva à la Trappe bien préparé pour la grande lutte qu'il devait soutenir pour la réforme de son ordre, disposé à toutes les attaques.

comme il poursuivait sans relâche celle de son couvent. Nous devons à Monsieur Gonod la divulgation d'une faible partie de cette correspondance; il y aurait matière à plusieurs volumes et nous sommes surpris que les biographes du saint abbé, déjà nombreux, n'aient pas puisé davantage à des sources aussi sûres, aussi vivantes qui sont répandues un peu partout et qui se trouvent à la portée de tous (1).

Un des moyens les plus efficaces qu'employa l'abbé de la Trappe pour répandre dans le monde l'esprit de son Ordre fut le récit de la vie et de la mort de ses compagnons de pénitence, et il entreprit à cet effet une suite de *relations* peut-être un peu uniformes, car l'existence était la même pour tous et la fin toujours édifiante, mais empreintes de cette simplicité et de cette sérénité d'âme qui faisaient le charme de cette nature privilégiée. Ces relations, peu nombreuses au début, rééditées fréquemment, continuées même longtemps après la mort de leur auteur par le Père Le Nain et par d'autres, arrivèrent à constituer, en 1755, cinq volumes renfermant une soixantaine de vies : c'est le nécrologe de la Trappe. Il est regrettable qu'il n'ait pas été poursuivi jusqu'à nos jours.

Tour à tour directeur des consciences, polémiste, théologien, il devait surtout faire acte de réformateur et il se dévoile tout entier dans son grand ouvrage *de la sainteté et des devoirs de la vie monastique.* Ce livre, uniquement destiné aux religieux du monastère, ne dut sa publicité qu'à Bossuet, qui avait pour l'abbé de Rancé une tendre amitié et qui recourait souvent à ses conseils. Dès son apparition, l'Ordre se trouva en butte à toutes les accusations; les Bénédictins et les Chartreux s'élevèrent contre un genre de vie aussi différent du leur, qui remettait en usage l'antique règle de saint Benoit, et la question des études monastiques parut sur le terrain. Qui ne connaît la dispute de Dom Mabillon et de l'abbé de Rancé ? Entamée depuis deux siècles, elle se poursuit encore chez leurs continuateurs et le dernier mot n'en est pas dit. Comme le disait si bien récemment le chanoine Didio (2), « *il est certaines questions, et celle des études monastiques est de ce genre, qui ne cessent jamais d'être actuelles et se*

(1) Voir, outre les lettres restées manuscrites très dispersées, les œuvres de Bossuet; M. Barthélemy, choix de lettres inédites; P. Bretonneau, abrégé de la vie de Jacques II; le P. Desmares, description de la Trappe; Dom Gervaise, vie du Père Gourdan, etc., etc.

(2) La querelle de Mabillon et de l'abbé de Rancé. Amiens, 1892. p. xi.

trouvent par suite perpétuellement à l'ordre du jour ». La lutte cependant fut courtoise entre les deux moines; elle se calma à l'honneur de l'un et de l'autre, en suscitant seulement une suite de ripostes auxquelles nous devons des travaux remarquables. Le *traité des études monastiques* restera un titre de gloire pour la congrégation de saint Maur, comme le livre des *devoirs de la vie monastique* rappelera toujours aux moines de la Trappe les hautes conceptions de leur réformateur.

L'abbé de Rancé ne négligea donc rien pour le succès de sa mission; il la couronna en publiant les *règlements* de sa maison et la *règle de saint Benoit*. Au milieu de semblables préoccupations d'ordre intérieur, il trouvait le temps de composer une série d'ouvrages de piété destinés à ses religieux où à des personnes du monde, sous forme d'*instructions, d'éclaircissements* sur certains points de la religion ou de *commentaires de l'Evangile.*

Lorsque l'on considère une pareille somme de travail en l'espace d'une trentaine d'années au plus, il y a lieu de se demander si l'abbé de la Trappe était l'ennemi bien irréconciliable des études monastiques. On peut répondre qu'il écrivit dans l'intérêt de sa réforme, pour son maintien et son succès et qu'il fut amené souvent à prendre la plume pour combattre plus d'une objection, plus d'une critique; mais il travailla, cela est certain, pour le bien des âmes, en véritable théologien, nous dirions presque en vrai Bénédictin.

A ses côtés deux moines ont laissé des traces de leur passage : dom Pierre Le Nain, frère du célèbre historien, et dom Armand Gervaise, souvent confondu avec son frère, Nicolas Gervaise, prévôt de Saint-Martin de Tours.

Dom Le Nain, religieux, puis prieur de la Trappe, nous a donné un certain nombre d'ouvrages, entr'autres, la *Vie de l'abbé de Rancé* et l'*Essai de l'histoire de l'Ordre de Cîteaux*, en neuf volumes devenus rares. Pénétré du véritable esprit monastique, il reste dans ses écrits comme dans sa vie profondément attaché aux idées de la réforme et soumis à son supérieur. « *En général,* dit son biographe (1), *le style du Père Le Nain n'est pas serré, mais cette diffusion devient estimable, parce que les vérités dont il traite ont tant de solidité et sont exprimées avec tant*

---

(1) Relations de la vie et de la mort de quelques religieux de la Trappe, édit. 1755, tome IV, p. 144.

d'onction et de piété qu'on lui sçait bon gré d'avoir été un peu diffus pour nous en occuper plus de temps et pour nous faciliter davantage de faire des réflexions qui peuvent nous être propres. » Nous avons encore de lui des *Méditations sur la règle de saint Benoit,* des *Elévations à Dieu* et des *Homélies.*

Dom Gervaise, au contraire, écrivain aussi fécond mais plus fougueux et plus indépendant, ne devait être pour le saint réformateur qu'un sujet de crainte et de peines dans les dernières années de sa vie. Nommé abbé après Dom Zozime, il se vit contraint de donner sa démission quelque années après et d'errer de monastères en monastères. Arrêté à Paris, il finit ses jours à N.-D.-du-Reclus, au diocèse de Troyes. On lui doit un grand nombre de *vies de Saints,* une *Histoire de Suger,* un *Jugement critique sur les vies de l'abbé de Rancé* et l'*Histoire générale de la réforme de l'Ordre de Cîteaux,* ouvrage extrêmement rare dont le premier tome seul parut. Sa vie n'a fait l'objet d'aucun travail; il serait pourtant à désirer qu'elle fut spécialement étudiée, car elle embrasse une période de l'histoire de l'abbaye assez agitée et qui demanderait de nouveaux éclaircissements.

La production littéraire de la Trappe se trouve donc ainsi constituée jusqu'à nos jours et, en somme, en peut dire que ce monastère est resté fidèle à sa règle en ce qui regarde l'exclusion des études. Depuis Dom Gervaise (1751) jusqu'au Père Debreyne, qui publie son premier ouvrage en 1833, les religieux de l'abbé de Rancé restent muets. Le célèbre abbé de Lestrange, au moment de la Révolution, laissa bien quelques écrits, mais il était avant tout homme d'action ; son œuvre se manifesta surtout par la grande extension donnée à l'Ordre de la Trappe dont les branches, sous son impulsion, se sont épanouies aux quatre coins du globe et portent des fruits en toutes les contrées du monde.

Avec le Père Debreyne nous voyons surgir la plus surprenante bibliographie qui ait jamais pris naissance dans un cloître; c'est un cours complet de médecine qui nous passe sous les yeux et le professeur est une autorité en pareille matière. Docteur de la Faculté de Paris, ayant embrassé de bonne heure la vie monastique, il vint apporter sa science au secours de l'abbaye et sut l'adapter, dans des traités pratiques et spéciaux, aux besoins des religieux ou des ecclésiastiques dans le ministère. Il rendit de grands services et son nom est encore prononcé avec vénération dans cette retraite où il sut ensevelir un talent qui lui aurait fait occuper un rang brillant dans le monde.

Tels sont à grands traits les travaux de l'abbé de Rancé et de ses religieux; ils tiennent une place importante dans cette bibliographie.

L'abbaye de la Trappe elle-même et les biographies diverses en font le second objet : on ne s'est pas lassé d'écrire, depuis la réforme, sur ce monastère. Les descriptions abondent, en prose ou en vers, les voyages y sont fréquents; la Cour s'y transporte, le Roi Jacques II d'Angleterre vient y chercher un adoucissement à ses malheurs et noue avec l'abbé de Rancé des relations qui ne devront cesser qu'avec la mort. Le grand évêque de Meaux, attiré par le charme de cette solitude, y revient sans cesse et y compose l'*avertissement* de son catéchisme; le duc de Mazarin, le duc de Soubise, le maréchal de Bellefonds, le cardinal de Bouillon, la duchesse de Guise, lord Hamilton, Dom Mabillon, le duc de Saint-Simon, tels étaient les hôtes habituels. Ces visites répétées amènent autant de récits, de relations où la verve des écrivains s'épuise. Les romanciers eux-mêmes, séduits par cette austère thébaïde, perdue dans les grands bois du Perche, en font le lieu de scènes dramatiques ou de narrations saisissantes. Le comte de Comminges, sous la plume de madame de Tencin, vient y chercher le repos à une existence brisée, et Adélaïde de Lussan, revêtue elle-même de l'habit religieux, y amène par sa présence le dénouement le plus inattendu. Le roman inspire bientôt une romance au duc de La Vallière; plus tard, Baculard d'Arnaud s'en empare et le transporte au théâtre, tandis que Dorat le transforme en poème. En même temps monsieur Barthe s'empresse de rappeler, sous forme de lettre apocryphe les circonstances tragiques et supposées de la conversion de l'abbé de Rancé et la Harpe lui répond avec une préface de Voltaire !

Nous voilà loin des écrits du saint abbé, mais l'histoire ne va pas sans la légende; elle prend à ce contact un peu de poésie et la légende y puise un peu de vérité !

Des essais de bibliographie de la Trappe ont été faits par Louis Dubois dans son *Histoire civile, religieuse et littéraire* (1) et par l'abbé Dubois dans l'*Histoire de Rancé*. Monsieur de La Sicotière, à l'occasion de l'exposition bibliographique de Séez, en 1889, a rendu compte de quelques ouvrages peu communs qui avaient été envoyés. Mais jusqu'ici personne n'avait tenté de réunir les

(1) Paris, 1824. Principaux ouvrages dont la Trappe a été l'objet. Ch. XII, p. 259-282.

sources imprimées ou manuscrites auxquelles tout bon historien de cette abbaye doit recourir.

Cette œuvre n'a certes pas la prétention d'être complète ; qu'elle soit exacte et précise, ce sera déjà beaucoup. Nombre d'écrits ont dû nous échapper, malgré nos investigations minutieuses un peu partout ; ils trouveront, nous l'espérons, leur place dans des suppléments qui deviendront avec le temps indispensables.

Nous nous sommes attachés avant tout à dépouiller les écrits contemporains de la réforme afin d'en extraire les passages les plus saillants relatifs à notre sujet ; c'est ainsi que des lettres de l'abbé de Rancé se sont trouvées perdues au milieu de travaux qui n'avaient avec lui que des rapports très secondaires, c'est ainsi que nous avons pu donner sur tels ou tels personnages des renseignements sur leurs séjours plus ou moins prolongés dans cette solitude.

Autant que possible, nous avons mentionné les éditions multiples d'un même ouvrage avec leurs variantes et, afin que ce recueil ait sa véritable utilité, il nous a paru bon d'indiquer à nos lecteurs les exemplaires les plus connus, qui peuvent se trouver à la portée de tous dans les bibliothèques publiques, en relevant comme points de comparaison les prix marchands dans les ventes anciennes et dans les catalogues courants.

Comme on le verra, les livres particulièrement relatifs à la Trappe ou à l'abbé de Rancé sont dispersés de côtés et d'autres. Les Bibliothèques Nationale, Mazarine, de l'Arsenal, sont riches à cet égard ; la plus dépourvue est la Bibliothèque Sainte-Geneviève. Il semblerait que l'on dut recourir plus spécialement à l'abbaye de la Trappe elle-même comme au dépositaire le plus sûr de ces richesses monastiques ; mais à part quelques livres liturgiques (1), on y rencontre peu de chose. La bibliothèque de l'abbaye, détruite ou disséminée par la Révolution, est toujours à reconstituer. Les moines, travaillant fort peu intellectuellement, le besoin ne s'en est pas fait sentir jusqu'ici, mais à l'heure actuelle où les murs se transforment merveilleusement, grâce à l'instigation bienfaisante et au zèle de son révérend abbé Dom Etienne, il convient d'entreprendre cette tâche, complément nécessaire d'une grande œuvre, dont la réalisation sera, nous n'en doutons

---

(1) Divisant notre travail en : *Imprimés, Manuscrits* et *Iconographie*, nous réserverons une place spéciale aux *livres liturgiques en usage à l'abbaye de la Trappe.*

pas, à la hauteur des travaux si habilement conduits qui s'achèvent en ce moment.

Nous voudrions nommer ici toutes les bonnes volontés qui ont apporté leur concours à cette bibliographie, ce que nous désirons surtout c'est leur exprimer notre profonde reconnaissance et notre vive gratitude ; l'accueil que lui réserveront nos lecteurs sera pour eux comme pour nous la meilleure des compensations.

H. T.

DOCUMENTS IMPRIMÉS

DOCUMENTS IMPRIMÉS

1. — **Abrantès** (duchesse d'). — *Histoire des salons de Paris, tableaux et portraits du grand monde sous Louis XVI, le Directoire, le Consulat et l'Empire, la Restauration et le règne de Louis-Philippe Ier, par la duchesse d'Abrantès.* Paris, Garnier, 1893. 6 vol. in-12.

> Le vicomte de Custine à la Trappe. II, 86.

2. — **Alembert** (d'). — *Histoire des membres de l'Académie françoise morts depuis 1700 jusqu'en 1771.* A Paris, chez Moutard, 1787, 6 vol. in-12.

> Eloge de La Motte. Son séjour à la Trappe où il ne peut rester. I., 237.
>
> Antoine Houdar de La Motte, poète, né à Paris le 17 janvier 1672, mourut le 26 décembre 1731. Il alla se jeter à la Trappe à la suite d'une comédie, *les Originaux*, représentée en 1693 au théâtre italien et qui ne réussit pas. Il y demeura fort peu de temps.

3. — **Almanach de l'Orne** *pour 1855 avec la carte du département. Quatrième année. Se trouve chez tous les libraires du département.* Caen, imp. Pagny, in-16.

> La colonie pénitentiaire de la Trappe, p. 132.

4. — **Almanach de l'Orne** *pour 1857. Sixième année. Se trouve chez tous les libraires du département.* Alençon, Poulet-Malassis et de Broise, in-16.

> Dom Joseph-Marie (Pierre Hercelin), abbé général de la Trappe, par F. de Corcelles. p. 125-129.

5. — **Annonces**, *affiches et avis divers de la haute et basse Normandie.*

> Annonce de la mort de dom Malachie Brun, abbé de la Trappe. *27e feuille hebdomadaire, vendredi 27 juin 1766.* p. 95.

6. — **Anonyme.** — *Compte-rendu de l'établissement et de l'inauguration solennelle d'une colonie agricole à la Grande-Trappe, près Mortagne, Orne.* Mortagne, imp. de Loncin et Daupeley, 1854. Se vend au profit de la colonie, in-8° de 40 p.

7. — **Anonyme.** — *Deux retraites de dix jours contenant chacune trente méditations et un sermon sur les principaux devoirs de la vie religieuse avec deux discours sur la vie des religieux de la Trape.* A Paris, chez François Barrois, 1697. in-12.

   Ces discours se trouvent à la page 435.

8. — **Anonyme.** — *Exercices de piété sur la règle de saint Benoist, avec des examens fort étendus et très utiles aux persones qui veulent en prendre l'esprit. Retraite de dix jours.* Paris, chez Théodore Muguet, 1697. in-12.

   Le compte-rendu de cet ouvrage se trouve dans le *Journal des scavans*, juillet 1697, p. 296. On y lit : « *Ce qu'il y a de plus considérable dans ces exercices a été emprunté, selon l'aveu même de l'auteur, du commentaire de M. l'abé de la Trape sur la règle de saint Benoist.* »

9. — **Anonyme.** — *Le papinisme ou scènes de brigandages à la Grande-Trappe de Mortagne.* Laigle, typ. et lith. P. Montauzé [1880]. in-12 de 16 p.

10. — **Anonyme.** — *Lettre d'un abbé de l'ordre de Citeaux au R. abbé de la Trappe.* S. l. n. d. in-4°.

    Exemplaire à la Bibl. Nationale : Ld17 185.

11. — **Anonyme.** — *Lettre touchant les abbayes de la Trappe et des Clairets (18 décembre 1727).* Paris, Ve Mazières et J.-B. Garnier, 1728. in-4°.

    Avertissement. Il s'est répandu et il se répand tous les jours tant de faux bruits sur le compte de l'abbaye de la Trappe, qu'on se croit obligé de donner au public la lettre suivante. Le public y trouvera de quoi s'édifier. Copie d'une lettre de M. le chevalier de..... à un de ses amis, au sujet de la visite de M. l'abbé de Sept-Fons à la Trappe. p. 3.

    Lettre de M. l'abbé de la Trappe, Frère Isidore, du 6 mai 1727, en réponse à certaines calomnies qui étaient répandues contre la Trappe. p. 5.

    Extrait d'une lettre de M. l'abbé de la Trappe à M. le maréchal de Bellefons, rapportée dans l'histoire de sa vie par M. Marsollier, du 18 déc. 1727. p. 6.

    Exemplaire à la Bibl. Nationale : Ld4 1545.

12. — [**Aquin** (Louis d'), évêque de Sées]. — *Relation de quelques circonstances des dernières heures de la maladie et de la vie*

du Très Révérend Père dom Armand-Jean Le Bouthillier de Rancé, abbé et réformateur de l'abbaye de la Trappe, de l'étroite observance de Cisteaux. A Paris, chez François Muguet, 1701. in-12 de 40 p.

>Compte-rendu : *Journal des scavans, février 1701, p. 83.*
>Exemplaire à la Bibl. Nationale : Ln²⁷ 16954.

13. — [Le même]. — *Imago R. P. domni Armandi Joannis Le Bouthillier de Rancé, Abbatis de Trappa. Portrait de dom Armand-Jean Le Bouthillier de Rancé, Abbé Régulier et Réformateur du monastère de la Trappe, de l'étroite Observance de Cisteaux.* S. l., 1701. in-12 de 97 p.

>En latin avec le français en regard. Deux exemplaires de cette édition rare se trouvent à la Bibliothèque nationale (réserve Ln²⁷ 16955), l'un avec notes manuscrites de Jamet. On lit sur le titre : « *M. Mercier, chanoine et bibliothécaire de Sᵗᵉ-Geneviève, auteur du Jᵃˡ de Trévoux depuis l'extinction des S. de Jésuites, me l'a donné. Paris, 13 juin 1766.* » En tête, a été ajouté un portrait de l'abbé de Rancé, gravé par Drevet, et à la fin une gravure de Guérard, représentant la mort du saint abbé. L'autre exemplaire est sur grand papier, rel. jans. mar. rouge.

14. — Le même. — *Récit abrégé des principales circonstances de la vie et de la mort de M. de Rancé, abbé de la Trappe, en forme d'épitaphe, pour être mis en trois tables autour d'un oratoire qui est sur sa tombe ; par messire Louis d'Aquin, évêque de Séez.* A Rouen, chez François Vaultier, 1704. in-12 de 36 p.

>Exemplaire : Bibliothèque Nationale : Ln²⁷ 16961.

15. — [Le même]. — *Imago R. P. domni Armandi Joannis Le Bouthillier de Rancé, Abbatis de Trappa, ad numeros Epitaphii descripta et depingenda super parietes Ædiculæ cujusdam, qua mortales illius exuviæ terrâ sepultæ superteguntur, in gratiam Fratrum qui frequentes illic pro se primum, tum etiam pro defunctis exorant, ut a peccatis solvantur. Récit des principales circonstances de la Vie et de la Mort de Monsieur de Rancé, Abbé de la Trappe, en forme d'Epitaphe, pour etre mis en trois Tables au tour d'un Oratoire qui est sur sa Tombe.* S. l., 1708. in-12 de 47 p.

>En latin et en français.
>Exemplaire : Bibliothèque Nationale : Ln²⁷ 16956.

16. — **Archives des missions scientifiques et littéraires,** *choix de rapports et instructions publiés sous les auspices du ministère de l'Instruction publique et des cultes.* Paris, imp. impériale. in-8°.

Dans le tome VI (1857, p. 323-326), se trouvent les deux lettres suivantes :

Lettre de dom Jean Mabillon à Madame la princesse de Guise. Paris, 1er septembre 1692, au sujet de son traité des études monastiques.

Lettre de Madame la princesse de Guise à dom Mabillon, 15 septembre 1692. Réponse à la précédente. Elle l'engage à rendre visite à l'abbé de Rancé.

Ces lettres sont annexées au *rapport de M. Alph. Dantier sur la correspondance inédite des bénédictins de S. Maur.*

17. — **Ardouin-Dumazet.** — *Voyage en France.* 1re série. *Morvan-Nivernais - Sologne - Beauce - Gatinais - Orléanais - Maine - Perche - Touraine.* Paris et Nancy, Berger-Levrault et Cie, 1893. in-12.

La Trappe de Soligny, l'abbé de Rancé, p. 293 et 301.
Extrait du journal *Le Temps.*

18. — Le même. — *Voyage en France.*

A la Trappe de Soligny. Les souvenirs de l'abbé de Rancé. Antithèses monastiques.
Journal *Le Temps.* 24 août 1893.

19. — A[rmandeau] (Henri). — *Mes adieux au monde ou mon entrée à l'abbaye de la Trappe ; par M. Henri A..., membre de plusieurs sociétés savantes et littéraires de Paris et de celle académique de Nantes.* Nantes, imp. de Hérault, 1826. in-12 de xx-98 p.

En prose et vers. Se trouve à la B. nat. Lk⁷ 3588.
Un article sur cet ouvrage parut en 1826 chez Hérault, in-8°, signé : *Amédée de Rivière.*

20. — [**Arnaudin**] (d'). — *La vie de dom Pierre Le Nain, religieux et ancien sous-prieur de la Trappe, par M. D....* Paris, Delaulne, 1715. in-12.

Trois exemplaires à la Bibliothèque de l'Arsenal :
H. 13403. v. jasp., dos orné.
H. 13404 ^{bis.} v. jasp., dos orné.
H. 13404 ^{bis A.} v. br. dos orné, provenant de la bibliothèque des clercs de St-André-des-Arcs.

21. — [Le même]. — *La vie de dom Pierre Le Nain, religieux et ancien soûprieur de l'abbaïe de la Trappe ; avec deux traitez qu'il a composez.: I. sur l'état du monde après le jugement dernier ; II. sur le scandale qui peut arriver, même dans les monastères les mieux réglez, et la liste des religieux morts à la Trappe depuis la Réforme jusqu'à présent, par M. D....* A Paris, chez Saugrain l'aîné, à la Fleur de Lys, 1715. in-12.

Compte-rendu : *Journal des scavans, avril 1715,* p. 252.
Voir : *Relation de la vie et de la mort de quelques religieux de*

l'abb. de la Trappe. édit. 1755. t. IV. p. 81. — édit. 1758.
t. III. p. 259.

Catalogue Secousse. Paris, 1755. 1 l. — Dorbon, août 1892.
10 fr. veau ant.

Exemplaires : Bibliothèque nationale Ln27 12251 et Bibliothèque de l'Arsenal H. 13404 bis B. v. jasp., dos orné.

22. — [**Arnauld** (Antoine)]. — *Apologie pour les catholiques contre
les faussetez et les calomnies d'un livre intitulé : la politique
du clergé de France, fait premièrement en françois et puis
traduit en flamend.* A Liège, chez la veuve Bronkart, 1681.
2 vol. in-12.

Etat d'esprit de la Trappe, II, 343.

Ce passage a été rapporté par *Marsollier* dans sa *Vie de l'abbé
de la Trappe, édit. 1703.* I. 456.

23. — **Arsenne** (dom). — *Recueil de plusieurs lettres de D. Arsenne
(de Jongla, toulousain), religieux profès de la Trappe, sur
sa conversion.* S. l., 1701. in-12.

24. — [**Avia** (Alexis d')]. — *Compendio della vita di Fr. Arsenio
di Gianson, monaco cisterciense della Trappa, chiamato nel
secolo il conte di Rosemberg, morto nella badia di Buon-
sollazo il di 21 giugno 1710, scritto dall' abate e monaci della
suddetta badia all' eminentiss. e reverendiss. signor car-
dinale di Gianson Fourbin.* In Firenze, nella stamperia di sua
Altezza reale per Jacopo Guiducci e santi Franchi, 1710. in-12.

La seconde partie intitulée : « *Sentiments de Fr. Arsène de
Janson* », possède la traduction française en regard.

25. — [**Le même**]. — *Abbrégé de la vie de frère Arsène de Janson,
religieux de l'ordre de Citeaux de la Réforme de la Trappe,
connu dans le siècle sous le nom de comte de Rosemberg,
mort dans l'abbaye de Bonsolas en Toscane, le 21 juin 1710.
Ecrit en italien par l'abbé et les religieux de la même abbaye
et traduit en françois* [par Jean-B. Droüet de Maupertuy].
A Avignon, par la Société des libraires du S. Office, de la
cité et de l'Université, 1711. in-12.

Exemplaire Bibliothèque de l'Arsenal. H. 13400 bis. v. fil. à
fr., dos orné.

26. — [**Le même**]. — *Relation de la vie et de la mort de Frère
Arsène de Janson, religieux de la Trappe, nommé dans le
monde le comte de Rosemberg, mort dans l'abbaye de Buon
Sollazzo en Toscane, traduit de l'italien* [par Antoine Lan-
celot]. Paris, F. Delaulne, 1711. in-12.

27. — [**Avrigny** (le P. H. Robillard d').] — *Mémoires chronolo-
giques et dogmatiques pour servir à l'histoire ecclésiastique*

depuis 1600 jusqu'en 1716, avec des réflexions et des remarques critiques. S. l. 1739. 4 vol. in-12.

Entretien de l'abbé de la Trappe avec l'évêque d'Alet. II, 480.

Paroles de l'abbé de Rancé sur la mort de M. Arnauld. III, 423.

Mort de l'abbé de Rancé, réflexions sur sa vie. IV, 177.

Cet ouvrage a été mis à l'index par décret du 2 septembre 1727.

28. — Bachaumont (de).— *Mémoires secrets pour servir à l'histoire de la république des lettres en France, depuis MDCCLXII jusqu'à nos jours, ou journal d'un observateur....., par feu M. de Bachaumont.* Londres, chez John Adamson, 1777. 36 vol. in-12, plus 1 vol. de table.

Lettre de M. l'abbé de Rancé à un ami, par M. Barthe. Annonce de cet ouvrage. 24 février 1765. II, 177.

Même annonce et réponse d'un solitaire à l'abbé de Rancé. 11 avril 1767. III, 188.

Le comte de Comminge par M. d'Arnaud. 10 octobre 1767. III, 258.

Voyage du comte d'Artois à la Trappe. 11 mars 1784. XXV, 185.

29. — [Baculard d'Arnaud (Fr. Th.-Mar. de)]. — *Les amans malheureux ou le comte de Comminge, drame en trois actes et en vers.* La Haye, Paris, 1764. in-8°.

Ce drame, tiré des *Mémoires du comte de Comminge,* roman de *Madame de Tencin,* a son dénouement à la Trappe. Il fut représenté pour la première fois sur le Théâtre de la Nation, le vendredi 14 mai 1790. V. *Moniteur universel.* 16 mai 1790. p. 550.

Comptes rendus : *Mémoires de Bachaumont,* tome II, p. 123. 24 novembre 1764.

Corresp^ce littéraire, philos..... du Bon de Grimm. IV, 276 et XVI, 400.

Voir aussi l'*Histoire des salons de Paris...,* par la duchesse *d'Abrantès,* édit. Garnier, 1893. I, p. 126.

Catalogue de Lortic, mai 1893. Mar. cit., dos orné, fil., tr. dor. (rel. anc.), aux armes de Choiseul-Praslin. 45 fr.

30. — Le même. — *Les amans malheureux ou le comte de Comminge, drame en trois actes et en vers, précédé d'un discours préliminaire, suivi des mémoires du comte de Comminge et de la lettre à sa mère.* A Londres et se trouve à Paris chez les libraires du Palais-Royal et du quai de Gèvres, 1765. in-8°.

31. — Le même. — *Les amans malheureux ou le comte de Comminge, drame par M. d'Arnaud. Nouvelle édition.* A Amsterdam et se trouve à Paris chez Lesclopart, 1765. in-8°.

Titre en rouge et noir.

Cat. d'un cabinet de livres. Paris, 1769. 2 ᴸ.

32. — Le même. — *Le comte de Comminge ou les amans malheureux, drame par M. d'Arnaud. Troisième édition.* A Paris, chez Le Jay, 1768. in-8°.

> *Dédiée à Mademoiselle ***;* précédée de trois discours préliminaires et d'un précis de l'histoire de la Trappe, suivie des mémoires du comte de Comminge et accompagnée de deux gravures représentant la mort de l'héroïne, Adélaïde de Lussan, sous l'habit des religieux de la Trappe. Restout, inv., S. Aubin, sculp., et C.-P. Morillier, inv., Massard, sculp.
>
> Un exemplaire, de cette date, se trouve à la Bibliothèque de Versailles (E, 310 d.), mais porte « *Quatrième édition* ». Sur le titre est l' « *ex libris Recollectorum conventus Versalliensis* ».

33. — [Le même.] — *Le comte de Comminge ou les amans malheureux, drame suivi des mémoires du comte de Comminge.* Paris, Le Jay, 1770. in-8°.

> Catalogue de Greppe, mai 1893. Veau ant. marbr., dos orné, tr. jasp. 5 fr.

34. — Le même. — *Le comte de Comminge ou les amans malheureux, drame par M. d'Arnaud. Cinquième édition.* A Paris, chez Le Jay, 1771. in-8°.

> Exemplaire à la Bibliothèque de Versailles (E 433 d.)

35. — Le même. — *Los amantes desgraciados o el conde de Cominge, drama en tres actos escrito en Frances por M. D'Arnaud, y traducido al Castellano por dom Manuel Bellosartes.* Madrid, ano de 1791 se hallara en la Libreria de Quiroga. in-16.

> En tête, gravure représentant la mort d'Adélaïde de Lussan sous l'habit religieux.

36. — **Badiche** (F. Marie Léandre). — *Réflexions religieuses et historiques sur l'ouvrage intitulé : de la sainteté et des devoirs de la vie monastique.* Paris, imp. d'A. René, s. d. in-8° de 16 p.

> Signées : *F. Marie-Léandre Badiche,* prêtre.
>
> Exemplaire : Bibliothèque de Versailles, O H 4.

37. — [Baillet (Adrien).] — *Des enfans devenus célèbres par leurs études ou par leurs écrits. Traité historique.* A Paris, chez Antoine Dezallier, 1688. in-12.

> M. Bouthillier de Rancé, abbé de la Trappe. p. 358-362.

38. — **Barillon** (de). — *Vie de M. de Barillon, évêque de Luçon (1671-1699), écrite par lui-même, publiée par M. E. des Nouhes.*

> *Revue de Bretagne et de Vendée.* 6e année. Nantes, 1862. in-8°.

Sa vocation due à l'abbé de Rancé. I, 475.·

Ses relations avec l'abbé de la Trappe. I, 478-480.

Ses voyages à la Trappe. II, 136. 141. 143.

39. — **Bart des Boulais** (Léonard). — *Recueil des antiquitez du Perche, comtes et seigneurs de la dicte province, ensemble les fondations, batimens des monastaires et choses notables du dict païs, par Bart des Boulais, publié... par M. Henri Tournoüer....* Mortagne, Pichard-Hayes, 1890. in-8°.

Abbés et abbaye de la Trappe. p. 9. 15. 53, note. 55. 65 et note 1. 128. 133. 144. 160, note. 170, note 4. 179. 180, note 184. 190. 257. 268. 293. 305.

Publié dans les *Documents sur la province du Perche*, 1890-1894.

40. — **Barthe.** — *Lettre de l'abbé de Rancé à un ami, écrite de son abbaye de la Trappe, par M. Barthe, de l'Académie des Belles-Lettres de Marseille. Nouvelle édition.* A Genève, 1766, et se trouve à Paris chez la veuve Duchesne, rue Saint-Jacques, au temple du Goût, et chez Panckoucke, rue et à côté de la Comédie-Françoise. in-8°.

Lettre apocryphe accompagnée de gravures et de vignettes.

Comptes-rendus : *Mémoires de Bachaumont.* II, 162; III, 171. — *Mercure de France*, janvier 1767. p. 143. — *Corr. litt. phil. du Bon de Grimm.* IV, 377.

Catalogue de Dorbon, mars 1893. Rel. veau marbr., fil. tr. r. (Champs). 8 fr.

41. — **Barthelemy** (E. de). — *Choix de lettres inédites avec des éclaircissements historiques, littéraires et bibliographiques.*

Lettre de l'abbé de Rancé à M. de Montholon au sujet de son fils Jean François, prieur régulier de Saint-Sulpice-en-Bugey, de l'ordre de Citeaux, 19 décembre 1686. — (*Bulletin du Bibliophile et du Bibliothécaire, revue mensuelle publiée par Léon Téchener.* Paris, 1872. p. 387.)

Cette lettre est tirée du chartrier de la famille de Montholon qui se trouve au château de la Rivière-Bourdot, près de Rouen.

42. — **Baümer** (P. Suitbert). — *Johannes Mabillon. Ein lebens und literaturbild aus dem XVII und XVIII Jahrhundert von P. Suitbert Baümer, benediktiner der Beuroner Congregation.* Augsburg, 1892, literarisches institut von d^r M. Huttler (Michæl Seitz). in-8.

Die monastischen Studien. Neue controverse. Cap. XVII, p. 201.

43. — **Bausset** (cardinal de). — *Histoire de Bossuet, évêque de Meaux, composée sur les manuscrits originaux par le car-*

dinal de Bausset, pair de France, membre de l'Académie françoise. Paris, chez Gauthier frères, 1830, 4 tomes en 2 vol. in-8.

> De l'abbé de Rancé, liv. I, chap. xxiv (t. I, p. 38).
> Voyages de Bossuet à la Trappe, liv. VII, chap. ii.
> Du livre de la sainteté et des devoirs de la vie monastique, liv. VII, chap. iii.
> Le frère Armand à la Trappe, liv. VII, chap. iv (t. II, p. 251 et suivantes).

44. — **Bayle** (Pierre). — *Dictionnaire historique et critique par M. Pierre Bayle. Cinquième édition, revue, corrigée et augmentée de remarques critiques avec la vie de l'auteur par M. des Maizeaux.* A Amsterdam, par la compagnie des libraires, 1734. 5 vol. in-fol.

> Trappe (l'abbaïe de la). V, 396.

45. — **Beaunier** (dom). — *Recueil historique, chronologique et topographique des archevêchez, évêchez, abbayes et prieurez de France, tant d'hommes, que de filles, de nomination et collation royale, avec les noms des titulaires, la taxe en cour de Rome, telle qu'elle est sur le livre de la chambre apostolique, les revenus, les unions et pensions sur ces bénéfices, le tout distribué par diocèses, par ordre alphabétique et enrichi de dix-huit cartes géographiques avec les armes des archevêques, dédié à Son Altesse Sérénissime Monseigneur le duc de Bourbon, par dom Beaunier, religieux bénédictin.* A Paris, chez Alexis-Xavier-René Mesnier, 1726. 2 vol. in-4°.

> La Trappe, II, 762-770 et p. 25 de la table des taxes.

46. — **Bergounioux** (Edouard). — *Une visite à la Trappe, par M. Edouard Bergounioux.* Paris, Gerdès, 1849. in-16.

> Extrait de la *Revue de Paris*, livraison du 16 mai 1841.
> Exemplaire : Bibl. Nationale : Lk7 3593.

47. — **Bertin.** — *Œuvres complètes de Bertin avec notes et variantes précédées d'une notice historique sur sa vie.* Paris, Roux-Dufort aîné, 1824. in-8°.

> *Lettre à Monsieur le chevalier du Haut*[ier]. Anet, ce 19 juillet 1780, en vers. p. 291-298. Elle lui est adressée à la Trappe où M. du Hautier s'était retiré et débute ainsi :
>
> > J'ai parcouru la Trappe et les mornes déserts
> > De la nouvelle Thébaïde
> > . . . .
>
> Elle fut reproduite dans le *Recueil amusant de voyages en vers et en prose de Couret de Villeneuve*, tome V, p. 231, et dans les *Voyages en France avec notes de la Mésangère*, tome II, p. 171.

48. — **Besnier** (H.). — *Considérations morales et politiques sur l'établissement des Trappistes en France et précis exact de leurs institutions, par H. Besnier, avocat; avec gravure.* Paris, Stahl, 1828. in-8°.

 Exemplaire : Bibliothèque Nationale : Ld17 189.

49. — [**Besoigne** (Jérôme).] — *Vies des quatre évesques engagés dans la cause de Port-Royal, M. d'Alet, M. d'Angers, M. de Beauvais, M. de Pamiers, pour servir de supplément à l'histoire de Port-Royal, en six volumes.* A Cologne, 1756. 2 vol. in-12.

 M. l'abbé de Rancé se convertit entre les mains de M. d'Alet qui règle ses restitutions. I, 64, 112.

 Sa conduite dans l'affaire du Formulaire. I, 203.

 Il va à Pamiers où l'évêque lui fait quitter ses bénéfices. II, 189; puis à Cominges où l'évêque lui conseille de se faire religieux dans son abbaye de la Trappe. II, 190.

50. — **Bibliothèque Nationale**. *Département des imprimés. Catalogue de l'histoire de France. Tome cinquième, histoire religieuse de France, publié par ordre de l'Empereur.* Paris, F. Didot, 1855-1873. in-4°.

 Bernardins de la Congrégation de la Trappe. — Généralités de l'histoire. — Constitutions. — Détails de l'histoire. p. 518-520. (Ld 17 166. — Ld 17 201.)

51. — **Boisduval** (Dr) et Pierre-Modeste **Duhamel**. — *Une herborisation à Notre-Dame de la Trappe (Orne) faite en août 1861.*

 Extrait du *Bulletin de la Société botanique de France*, 1861, p. 534-536.

52. — **Boisleau**. — *Lettre de Monsieur Boisleau sur la mort de frère Palémon et sur l'entrée de M. de Santenas à la Trappe. A la Trappe, le 12 juillet 1691.*

 Mercure-Galant, aoust 1691. p. 222-236.

53. — **Boislisle** (de). — *Correspondance des contrôleurs généraux des finances avec les intendants des provinces, publiée par ordre du ministre des finances, d'après les documents conservés aux Archives Nationales, par A.-M. de Boislisle, sous-chef au ministère des finances.* Paris, Imprimerie Nationale, 1874. 2 vol. in-4°.

 M. le Guerchoys, intendant à Alençon, au Contrôleur général. 31 mars 1707. — Les religieux de l'abbaye de la Trappe demandent non-seulement à être maintenus dans la franchise et dans les immunités des terres contigües à leur monastère qui n'ont rien payé jusqu'à présent, mais aussi à être confirmés à perpétuité dans les taxes d'office qui ont été accordées à des terres sises en d'autres paroisses et revenues entre leurs mains par suite d'abandonnement des fermiers. Tome II, no 1217, p. 392.

54. — Boqueron (abbé). — *Lettre de l'abbé Boqueron au directeur du séminaire des Bons-Enfans; de l'abbaye de la Trappe, le 25 avril* [1705].

    Sur son entrée à la Trappe.

    Mercure-Galant, juillet 1705. p. 50-58.

55. — Bossuet. — *Lettre sur l'adoration de la Croix.* Paris, chez Huguet, 1692. in-4°.

    Ecrite pour un nouveau catholique, moine de la Trappe.

    Réimprimée dans les *Œuvres de Bossuet, édit. 1862.* V, 719.

    Voir le numéro suivant.

56. — Le même. — *Œuvres complètes de Bossuet, publiées par des prêtres de l'Immaculée-Conception de Saint-Dizier (Haute-Marne).* Tours, Cattier, 1862-1863. 12 vol. in-4°.

    De l'abbé de Rancé. I, 15.

    Voyage de Bossuet à la Trappe; de l'ouvrage de Rancé sur la sainteté et les devoirs de la vie monastique. Le frère Armand, religieux de la Trappe. I, 169.

    Lettre de Bossuet à frère [Armand], *moine de l'abbaye de* [la Trappe], *converti de la religion protestante à la religion catholique, sur l'adoration de la Croix. Versailles, 17 mars 1691.* V, 719-723. Voir le numéro précédent.

    Lettre de Bossuet à Madame de Lusancy. Germigny, 30 octobre 1693. De la manière dont il a approuvé le livre des devoirs monastiques. VIII, 551.

    Lettre de l'abbé de Rancé à Monsieur de Saint-André, curé de Vareddes. Février 1697. Il loue le zèle de Bossuet pour s'opposer aux égarements de la nouvelle spiritualité. X, 531.

    Lettre de l'abbé de Rancé à Bossuet. Mars 1697. Il lui témoigne son mécontement du livre de M. de Cambrai. X, 538.

    Lettre de l'abbé dè Rancé à Bossuet. 14 avril 1697. Sur le livre de Bossuet, les états d'oraison et les illusions des quiétistes. X, 541.

    Lettre d'un ami de la Trappe à Bossuet. S. d. En réponse aux plaintes des partisans de M. de Cambrai contre les lettres précédentes de cet abbé. X, 541.

    Lettre de l'abbé de Rancé à Bossuet. S. d. Sur le bref qu'il a reçu du pape et de la lettre que cet abbé avait écrite à Bossuet sur M. de Cambrai. X, 550.

    Lettre de l'abbé de Rancé à Bossuet. 3 juillet 1697. Il confirme les lettres qu'il lui avait écrites sur M. de Cambrai. X, 555.

    Lettre de Bossuet à l'abbé de Rancé. Paris, 4 juillet 1697. Il lui donne quelques avis sur la lettre que M. l'évêque de Noyon lui avait écrite touchant le quiétisme. X, 555.

Lettre de Bossuet à l'abbé de Rancé. Germigny, 22 août 1697. Il justifie les lettres que cet abbé avait écrites sur le livre de M. de Cambrai. X, 563.

Lettre de Bossuet à l'abbé de Rancé. Torcy, 23 août 1697. Il lui rend compte de ce qui se passe dans l'affaire du quiétisme. X, 563.

Lettre de Bossuet à Monsieur Le Roi, abbé de Haute-Fontaine. Versailles, 10 août 1677. Il exhorte cet abbé à ne pas publier sa réponse à la lettre que M. de Rancé avait écrite contre sa dissertation sur certaines pénitences usitées à la Trappe qui paraissaient autoriser le mensonge. XI, 212.

Lettre de Bossuet à l'abbé de Rancé. Fontainebleau, septembre 1681. Sur les obstacles qui s'opposent à son voyage à la Trappe et la prochaine assemblée du clergé. XI, 227.

Lettre de Bossuet à l'abbé de Rancé. Paris, 8 juillet 1682. Au sujet de son ouvrage de la sainteté et des devoirs de la vie monastique. XI, 235.

Lettre de Bossuet à l'abbé de Rancé. Paris, 30 octobre 1682. Sur le même sujet. XI, 239.

Lettre de Bossuet à l'abbé de Rancé. Meaux, 13 décembre 1682. Il tâche de le détourner du dessein de se démettre. XI, 239.

Lettre de Bossuet à l'abbé de Rancé. Paris, 6 février 1683. Il lui rend compte de la conférence qu'il a eue avec l'archevêque de Paris au sujet du livre de cet abbé. XI, 240.

Lettre de Bossuet à l'abbé de Rancé. Meaux, 16 mai 1683. Il lui apprend les heureux fruits de son livre et en fait de grands éloges. XI, 241.

Lettre de Bossuet à l'abbé de Rancé, Meaux, 25 octobre 1684. Sur la mort de trois des principaux amis du prélat. XI, 244.

Lettre de Bossuet à l'abbé de Rancé. Paris, 8 décembre 1684. Il lui annonce la permission qu'il a obtenue des supérieurs de la congrégation de S. Maur pour que dom Muguet, religieux de cette congrégation, prenne des engagements à la Trappe. XI, 245.

Lettre de Bossuet à l'abbé de Rancé, Meaux, 6 janvier 1685. Il l'entretient des difficultés qui s'opposaient au dessein qu'avait dom Muguet de se fixer à la Trappe. XI, 246.

Lettre de Bossuet à l'abbé de Rancé. Paris, 14 septembre 1686. Sur la promotion de M. le Camus, ev. de Grenoble, au cardinalat. XI, 260.

Lettre de Bossuet à l'abbé de Rancé. Meaux, 6 avril 1687. Sur le chantre de l'église de Meaux qui voulait se retirer à la Trappe contre l'avis de Bossuet. XI, 265.

Lettre de Bossuet à l'abbé de Rancé. Paris, 4 octobre 1687. Sur le commentaire du P. Mège qui combattait plusieurs des sentiments de l'abbé de la Trappe. XI, 269.

Lettre de Bossuet à l'abbé de Rancé. Meaux, 11 novembre 1687. Il l'instruit de la publication du commentaire du P. Mège. XI, 270.

Lettre de Bossuet à l'abbé de Rancé. 4 décembre 1687.
Il lui témoigne qu'il trouve à propos que le commentaire de cet abbé sur la règle de s. Benoit paraisse avec les approbations ordinaires plutôt qu'avec la sienne. XI, 270.

Lettre de Bossuet à l'abbé de Rancé. Germigny, 2 septembre 1688. Sur les incidents qui retardaient la publication du commentaire de cet abbé et sur l'armement du prince d'Orange. XI, 272.

Lettre de Bossuet à l'abbé de Rancé. Meaux, 15 mars 1689. Sur son commentaire de la règle de s. Benoit. XI, 275.

Lettre de Bossuet à l'abbé de Rancé. Paris, 2 janvier 1690. Sur les égarements du ministre Jurieu, l'exemption de Jouarre et un nouveau commentaire de la règle de s. Benoit par un bénédictin. XI, 275.

Lettre de Bossuet à l'abbé de Rancé. 19 septembre 1690. Sur la défense que cet abbé avait faite aux religieuses des Clairets de lire l'ancien testament. XI, 276.

Lettre de Bossuet à l'abbé de Rancé. 29 août 1691. Sur les dispositions du Roi pour la Trappe et le triste état des affaires. XI, 278.

Lettre de Bossuet à l'abbé de Rancé. Paris, 17 janvier 1694. Vœux qu'il forme pour la Trappe. XI, 288.

Lettre de l'abbé de Rancé à Bossuet. 2 juin 1700. Il donne de grands éloges aux travaux du prélat pour la défense de la vérité. XI, 347.

Lettre de Bossuet au R. P. Jacques de la Cour, abbé de la Trappe. Germigny, 3 novembre 1700. Sur la mort de l'abbé de Rancé. XI, 350.

Lettre de Bossuet à M. de Saint-André, curé de Vareddes (Seine-et-Marne). Meaux, 26 novembre 1700. Il s'excuse de ne pouvoir travailler à la vie de M. de Rancé. X, 351.

Lettre de Bossuet à M. de Saint-André. Versailles, 26 novembre 1700. Sur certains papiers relatifs à la vie de Rancé. XI, 351.

Lettre de Bossuet à M. de Saint-André. Paris, 21 janvier 1701. Sur un miracle opéré à la Trappe par une dévote. XI, 354.

Lettre de Bossuet à M. de Saint-André. Paris, 28 janvier 1701. Il lui dit son sentiment sur la manière dont on devait écrire la vie de l'abbé de Rancé. XI, 354.

Lettre de Bossuet à M. de Saint-André. Paris, 29 janvier 1701. Sur la dévote qui avait été à la Trappe. XI, 354.

Bossuet fit huit voyages à la Trappe : le premier en 1682, le second en 1684 avec l'abbé Fleury, le troisième en 1685 avec l'abbé de Laugeron (ce fut pendant ce voyage qu'il composa *l'avertissement* de son catéchisme), le quatrième en 1687 avec l'abbé Fleury et l'évêque de Mirepoix, le cinquième en 1689, le sixième en 1690, le septième en 1691 avec l'ancien évêque de

Troyes, Bouthillier, et le huitième en 1696 avec l'abbé de Langle, depuis évêque de Boulogne.

57. · – **Bouilliot** (abbé). — *Biographie ardennaise ou histoire des Ardennais qui se sont fait remarquer par leurs écrits, leurs actions, leurs vertus ou leurs erreurs.* A Paris, chez l'éditeur, 1830. 2 vol. in-8°.

Art. Mabillon (Jean). II, 161.

58. — **Bretonneau** (le P. François). — *Abrégé de la vie de Jacques II, roy de la Grande-Bretagne, etc., tiré d'un écrit anglois du R. P. François Sanders, de la compagnie de Jésus, confesseur de Sa Majesté, par le P. François Bretonneau, de la mesme compagnie, avec un recüeil des sentimens du mesme roy sur divers sujets de piété.* A Paris, chez Nicolas Pepie, 1702. in-12.

Les retraites de Jacques II à la Trappe. p. 112.
Lettre de l'abbé de Rancé au maréchal de Bellefonds. p. 114.

59. — **Brockhaus.** — *Brockhaus' conversations lexikon. Allgemeine deutsche Real - Encyclopadie.* Leipzig, 1882-1887. 17 vol. gr.-in-8°.

La Trappe. X, 839.
Rancé (abbé de). XIII, 482.

60. — **Broglie** (Emmanuel de). — *Mabillon et la Société de l'abbaye de Saint-Germain-des-Prés à la fin du dix-septième siècle, 1664-1707, par Emmanuel de Broglie.* Paris, Plon, 1888. 2 vol. in-8°.

L'abbé de Rancé et le traité des études monastiques. 1691.
Tome II, p. 97-196.

61. — **Butler** (Charles). — *The lives of dom Armand Jean Le Bouthillier de Rancé, abbot regular and reformer of the monastery of La Trappe; and of Thomas a Kempis, the reputed author of the imitation of Christ, with some account of the principal religions and military orders of the roman catholic church by Charles Butler, esq.* London, Longman, 1814. pet. in-8°.

Exemplaire : Bibliothèque Nationale : Ln27 16964.

62. — **Caillemer** (E.). — *Lettres de divers savants à l'abbé Claude Nicaise, publiées pour l'Académie des sciences, belles-lettres et arts de Lyon.* Lyon, Association typographique, 1885. in-8°.

Lettres de Jacques de la Cour, alors simple religieux de la Trappe, à l'abbé Nicaise, des 22 janvier 1693, 27 février 1694 et de 1695. p. XXV-XXVIII.

Lettre de Leibniz à l'abbé Nicaise, 15/25 mai 1693. Il y est parlé de la dispute de l'abbé de Rancé et de Mabillon. p. 33.

Lettre de H. Basnaye de Beauval à l'abbé Nicaise. 7 mars 1698. Divers passages relatifs à la Trappe. p 191-192.

63. — **Canel** (Alfred). — *Armorial de la province, des villes, des évêchés, des chapitres et des abbayes de Normandie.* Rouen, 1849. gr. in-8°.

Abbaye de la Trappe. p. 84.

64. — **Cartulaire** *de l'abbaye de Notre-Dame de la Trappe, publié d'après le manuscrit de la Bibliothèque Nationale par la Société historique et archéologique de l'Orne.* Alençon, typographie Renaut de Broise, 1889. gr. in-8°.

Ce cartulaire est dû à l'initiative du comte de Charencey.

Le manuscrit original porte le numéro 11060 du fonds latin à la Bibliothèque Nationale.

65. — **Cazes** (abbé). — *Les femmes à la Trappe par l'abbé Cazes (Amédée), ouvrage dédié aux dames du monde.* Toulouse, imp. Troyes, ouvriers réunis, 1857. in-8°.

Cet ouvrage est particulièrement relatif aux Trappistines. Il y est cependant souvent question de la Trappe, de sa fondation, de l'abbé de Rancé et de l'abbé de Lestrange.

66. — **Champrobert** (Pierre de). — *Le comte d'Artois et l'émigration, par P.-Pierre de Champrobert. Histoire impartiale.* Paris, chez Magen, 1837. in-8°.

Pélerinage du comte d'Artois à la Trappe au mois d'avril 1784. p. 88-90.

67. — **Chardon-la-Rochette.** — *Notice de l'édition grecque d'Anacréon, donnée par l'abbé de Rancé en 1639, par Chardon-la-Rochette.* in-8°.

Magasin encyclopédique, V° année, tome VI et à part, 39 p.

68. — **Chateaubriand** (vicomte de). — *Vie de Rancé, par M. le vicomte de Chateaubriand.* Paris, H.-L. Delloye, [1844], in-8°.

Dédiée à la mémoire de l'abbé Seguin, prêtre de Saint-Sulpice.

Comptes-rendus : *Correspondant,* 15 juin 1844. — *Histoire des principaux écrivains français...,* par Ant. Roche. Paris, Delagrave, 1893. t. II, p. 331.

69. — **Le même.** — *Vie de Rancé, par M. de Chateaubriand. Distribution de l'émancipation.* Bruxelles, Société typographique belge, Adolphe Wahlen et Cⁱᵉ, 1844. 2 vol. in-16.

70. — **Le même.** — *Leben des Armand Jean Le Bouthillier de*

Rancé, Wiederhersteller d. Trappisten-Ordens. Ulm, 1844,
Heerbrandt u. Thämer.

71. — Le même. — *Vida de Rance, Reformador de la Trappa,
por el vizconde de Chateaubriand. Traduccion de D. Eugenio
de Ochoa.* Madrid, 1844, imp. de J. Boix. in-8º.

Con el retrato de Chateaubriand.

72. — Le même. — *Vida de Rance, por el vizconde de Chateaubriand.* Valencia, 1846, imp. y lib. de M. de Cabrerizo, ed.
Madrid lib. Europea. gr. in-8º.

Con un retrato.

73. — Le même. — *Vida de Rance, reformador de la Trappa.
Por F.-A. de Chateaubriand.* Traducida por D. Francisco
Madina-Veytia. Madrid, 1858, imp. y lib. de Gaspar y Roig.
in-4º.

Con 8 grabs.

74. — **Chavin de Malan** (Emile). — *Histoire de D. Mabillon et de
la Congrégation de S. Maur.* Paris, Debécourt, 1843. in-12.

Traité des études monastiques. Controverse de Mabillon et de
l'abbé de Rancé. Chap. VII, p. 387-422.

75. — **Chennevières** (marquis de). — *Bernardin de Saint-Pierre
à la Trappe, précédé d'une lettre à M. le docteur Jousset,*
signée : *Un Bourgeois de Bellême.*

Paru dans l'*Echo de l'Orne*, 19, 26 mars et 2 avril 1868, et à
part 23 p. in-8º. Se trouve dans le recueil intitulé *Affaires
de petite ville, 1867-1871.* Mamers, Fleury, 1872. (Non mis
dans le commerce).

76. — **Chéruel** (Adolphe). — *Saint-Simon considéré comme
historien de Louis XIV.* Paris, 1865. gr. in-8º.

Relations du duc de Saint-Simon et de l'abbé de Rancé à
propos des querelles Jansénistes et d'une lettre écrite par le duc
à un inconnu sur cette question. Cette lettre est citée en partie,
p. 29 et suivantes. Voir les *Mémoires du duc de Luynes,*
édit. *1860.* I, 453.

77. — **Climaque** (Jean). — *Sentimens et exercices de piété du
Frère Jean Climaque, religieux de la Trappe, nommé dans
le monde Alexandre-Claude Bosc'Dubois.* A Paris, chez
Florentin Delaulne, 1705. in-12.

Catalogue Boissier. Paris, 1725. 18 s.

78. — **Corneille** (Thomas). — *Dictionnaire universel, géographique et historique, contenant la description des royaumes,
empires, estats, provinces, pays, contrées..... par M. Corneille,*

de l'Académie françoise et de celle des inscriptions et des médailles. A Paris, chez Jean-Baptiste Coignard, 1708. 3 vol. in-fol.

Trappe (la). III, 632-634.

Sur l'exemplaire de la Bibliothèque Nationale, qui est à la disposition du public, on trouve cette ancienne note manuscrite : *Cet article, on peut le dire avec certitude, est le plus exact de tous ceux qui sont dans le dictionnaire. C'est aussi le seul fourni par dom Félibien que Thomas Corneille n'a point fait consulter pour la rédaction de l'article Paris, ce qu'il eût dû faire.*

79. — [Couret de Villeneuve.] — *Recueil amusant de voyages, en vers et en prose, faits par différents auteurs, auquel on a joint un choix des épitres, contes et fables morales qui ont rapport aux voyages.* A Paris, chez Nyon l'aîné, 1787. 7 vol. in-12.

Voyage à la Trappe, à M. de ***, par M. de P. II, 72-92. — Ce même voyage se trouve dans les *Voyages en France, ornés de gravures avec notes par La Mésangère.* Paris, 1808. 4 in-18, au tome II, p. 171-200, suivi d'une *Lettre sur l'abbaye de la Trappe et sur le château d'Anet, par le chevalier de Bertin, à M. le chevalier du Haut[ier]*, p. 201-218.

Lettre à M. le chevalier du Haut[ier], par M. Bertin. V, 231-237.

80. — Cousin (Victor). — *Fragments philosophiques pour servir à l'histoire de la philosophie.* Paris, 1866. 5 vol. in-8°.

Lettres de Leibniz à l'abbé Nicaise relatives à l'abbé de Rancé et à sa dispute avec Mabillon au sujet des études monastiques : *5 juin 1692. — 15/25 mai 1693. — 2/12 juillet, 1/11 octobre 1694. — 13/23 juillet 1695.* — Tome IV, p. 82, 101, 114, 120, 126, 161, 166 et 169.

Ces lettres avaient été publiées auparavant par *M. Th. Foisset* dans *Les deux Bourgognes, études provinciales.* Dijon, 1836. Tome II, p. 125 et 240, sous le titre de *Lettres inédites de Leibniz.*

81. — Crétineau-Joly (J.). — *Les Trappistes, poème, par J. Crétineau-Joly, professeur de rhétorique au petit séminaire de la Rochefoucauld.* A Angoulême, chez J. Broquisse, 1828.

A la suite du poème se trouvent des notes sur les trappistes et l'abbé de Rancé et plusieurs autres pièces de vers.

Exemplaire Bibliothèque Nationale : Ye 19308.

82. — Croix de l'Orne (la). — *Ephémérides ornaises. M. Legros, religieux de la Trappe.* Numéro du 11 décembre 1892.

83. — Cunningham (J.-W.), vicar of Harrow on the Hill. — *De Rance; a poem,* 1815. in-8°.

84. — [Curti (comte de).] — *Lettres sur l'ordre de la Trappe écrites en 1802 par l'auteur des mémoires sur Venise* [le comte de Curti], *trad. de l'italien.* Munster, 1802. in-8°.

Nous n'avons pu rencontrer ce volume.

85. — **Dangeau** (marquis de). — *Journal du marquis de Dangeau publié en entier pour la première fois par MM. Eud. Soulié et L. Dussieux, avec les additions inédites du duc de Saint-Simon publiées par M. Feuillet de Conches.* Paris, Firmin-Didot, 1854-1860. 19 vol. in-8°.

L'abbé Le Camus et l'abbé de Rancé. I, 385, note.

Voyage du roi d'Angleterre à la Trappe (18 novembre 1690). III, 251. 252. 253.

M. de Santenas à la Trappe (20 juillet 1691). III, 369. Voir sur M. de Santenas. III, 287.

Voyage de Monsieur à la Trappe (11 août 1693). IV, 341.

M. de Santenas à la Trappe, sa mort (20 novembre 1694). V, 109.

Voyage du roi d'Angleterre à la Trappe (5 juillet 1695). V, 233.

Mort de dom Zozime. Nouvel abbé (28 mars 1696). V, 386.

Voyage du roi et de la reine d'Angleterre à la Trappe (mai-juin 1696). V, 418. 419. 426.

Le neveu d'Albergotti à la Trappe (16 janvier 1697). VI, 58.

Voyage du roi d'Angleterre à la Trappe (14 mai 1697 et 29 mai 1698). VI, 117. 374.

Désordres à la Trappe (24 juin 1699). VII, 102.

Mort de l'abbé de Rancé (31 octobre 1700). VII, 405.

Sœur Rose à la Trappe (27 février 1701). VIII, 46.

Le chevalier de Rancé, frère de l'abbé de la Trappe (2 mars 1701). VIII, 49.

M. du Charmel à la Trappe (11 février 1706). XI, 29.

Le cardinal de Bouillon à la Trappe (24 mai 1710). XIII, 162.

M. de Rancé, frère de l'abbé de la Trappe (31 sept. 1718). XVII, 376.

86. — **Debreyne** (le Père Pierre-Jean-Corneille). — *Essai sur la catalepsie, thèse de Paris.* Paris, 1814. in-4°.

87. — Le même. — *Instruction médicale de la Trappe, près Mortagne, département de l'Orne, 27 septembre 1833,* [signée :] *Debreyne, docteur-médecin de la Faculté de Paris.* Impr. de P.-E. Brédif, à L'Aigle. in-4°.

88. — Le même. — *Pensées d'un croyant catholique ou considérations philosophiques, morales et religieuses sur le matérialisme moderne et divers autres sujets tels que l'âme des bêtes, la phrénologie, le suicide, le duel et le magnétisme animal, par P.-J.-C. Debreyne. Ouvrage particulièrement destiné à la jeunesse lettrée.* Paris, Poussielgue, 1839. in-8°.

89. — Le même. — *Même ouvrage, même titre. 2ᵉ édition.* Paris, Poussielgue, 1840. in-8°.

90. — Le même. — *Même ouvrage, même titre. 3ᵉ édition.* Paris. Poussielgue, 1844. in-8°.

91. — Le même. — *Pensamientos de un creyente catolico, o consideraciones filosoficas, morales y religiosas sobre el materialismo moderno, el alma de las bestias, la frenologia, el suicidio, el duelo y el magnetismo animal. Obra destinada en general a las personas literatas y especialmente a los juvenes que se dedican al estudio de la medicina y del derecho, y a los que se consagran al estado eclesiastico. Por P.-J.-C. Debreyne, doctor en medicina..... Traducida de la tercera edicion francesa, por D. Carlos Perier y Gallego.* Valencia, 1849, imp. de J. Ruis, Madrid, lib. de Matute. in-8°.

92. — Le même. — *Même ouvrage, même titre* (1). Barcelona, 1854, imp. de P. Riera, Madrid, lib. de Olamendi. in-4°.

93. — Le même. — *Thérapeutique appliquée ou traitements spéciaux de la plupart des maladies chroniques, par P.-J.-C. Debreyne, docteur en médecine de la Faculté de Paris et professeur particulier de médecine pratique à la Grande-Trappe (Orne).* Paris, chez J.-B. Baillière, 1841. in-8°.

94. — Le même. — *Même ouvrage, même titre. 4ᵉ édition.* Paris, Poussielgue, 1850. in-8°.

95. — Le même. — *Terapeutica aplicada, o tratamientos especiales para la mayor parte de las enfermedades cronicas, por P.-J.-C. Debreyne, doctor en medicina..... y ensayo filosofico acerca de la influencia comparativa del régimen vegetal y del régimen animal, sobre el fisico y moral del hombre, por el mismo autor; traduccion al espanol de la ultima edicion francesa, aumentada con notas por unos profesores de medicina y cirujia.* Barcelona, 1850, imp. y lib. de M. Sauri. in-8°.

96. — Le même. — *Traité de physiologie orthodoxe à l'usage des séminaires.* Paris, 1842. in-8°.

97. — Le même. — *Essai sur la théologie morale considérée dans ses rapports avec la physiologie et la médecine, par P.-J.-C. Debreyne.* Paris, Poussielgue-Rusand, 1843. in-8°.

---

(1) Le titre de cette édition diffère quelque peu de celui de la précédente mais n'en modifie nullement le sens.

98. — Le même. — *Même ouvrage, même titre. 2ᵉ édition.* Paris, Poussielgue-Rusand, 1844. in-8º.

99. — Le même. — *Même ouvrage, même titre. 3ᵉ édition.* Paris, Poussielgue-Rusand, 1844. in-8ᵒ.

100. — Le même. — *Même ouvrage, même titre. 4ᵉ édition.* Paris, Poussielgue-Rusand, 1844. in-8º.

101. — Le même. — *Même ouvrage, même titre. 5ᵉ édition.* Paris, Poussielgue-Rusand, 1868. in-18 jésus.

102. — Le même. — *Ensayo sobre la theologia moral considerada en sus relaciones con la fisiologia y la medicina. Obra destinada especialmente al clero, por P.-J.-C. Debreyne, doctor en medicina..... traducido de la cuarta edicion francese por el Dr. D. P. P. y D. J. C. B. Segunda edicion, nuevamente corregida. Con las licencias necesarias.* Barcelona, 1855, imp. de Pons y Comp. Madrid, lib. de Sanchez. in-8ᵒ.

103. — Le même. — *Précis sur la physiologie humaine pour servir d'introduction aux études de la philosophie et de la théologie morale, suivi d'un code abrégé d'hygiène pratique. Ouvrage spécialement destiné au clergé et aux séminaires, par P.-J.-C. Debreyne, docteur en médecine de Faculté de Paris, professeur particulier de médecine pratique, prêtre et religieux de la Grande-Trappe (Orne).* Paris, Poussielgue-Rusand, 1844. in-8º.

104. — Le même. — *Même ouvrage, même titre. 2ᵉ édition.* Paris, Poussielgue-Rusand, 1844. in-8º.

105. — Le même. — *Même ouvrage, même titre. 3ᵉ édition.* Paris, Poussielgue-Rusand, 1854. in-8º.

106. — Le même. — *Physiologie catholique et philosophique pour servir d'introduction aux études de la philosophie et de la théologie morale. Ouvrage spécialement destiné au clergé et aux séminaires, par le P. Debreyne..... 4ᵉ édition, revue, corrigée et augmentée d'une nouvelle théorie de la longévité et d'un long chapitre sur les tables tournantes et le magnétisme animal.* Paris, Poussielgue-Rusand, 1863. in-8º.

107. — Le même. — *Physiologie catholique et philosophique pour servir d'introduction aux études de la philosophie et de la théologie morale. Ouvrage..... par le P. Debreyne..... 5ᵉ édition.....* Paris, Poussielgue-Rusand, 1872. in-18 jésus.

108. — Le même. — *Compendio de fisiologia humana para servir*

*de introduccion a les estudios de la filosofia y de la teologia
moral, seguido de un breve tratado de higiene practica.
Obra destinada especialmente al clero y a los seminarios, por
P.-J.-C. Debreyne, doctor en medicina de la facultad de
Paris, profesor de medicina practica, sacerdote y religioso
de la Gran Trapa (Orna). Traducida de la segunda edicion
francesa por el doctor D. P. P. y J. C. con licencia.*
Barcelona, 1856, imp. de Pons y comp. Madrid, lib. de
Sanchez. in-8°.

109. — Le même. — *Etude de la mort ou initiation du prêtre à
la connaissance pratique des maladies graves et mortelles et
de tout ce qui, sous ce rapport, peut se rattacher à l'exercice
difficile du saint ministère. Ouvrage spécialement destiné
aux ecclésiastiques qui ont charge d'âmes, par le P. Debreyne.....* Paris, Poussielgue-Rusand, 1845. in-8°.

110. — Le même. — *Même ouvrage, même titre. 2ᵉ édition.* Paris,
Poussielgue-Rusand, 1864. in-8°.

111. — Le même. — *Estudio de la muerte o iniciacion del
sacerdote con el cono cimiento practico de las enfermedades
graves y mortales, y de todo cuanto bajo este concepto puede
tener relacion con el dificil ejercicio del santo ministerio.
Obra destinada especialmente a los eclesiasticos que tienen
cura de almas, y sumamen te util al profesores de medicina
y cirujia y a todas las clases de la societad. Por P.-J.-C. Debreyne, doctor en medicina..... traducida por el doctor
D. Pedro Parcet y D. Juan Cascante.* Barcelona, 1851, imp.
y lib. de J. Gorchs. Madrid, lib. de Sanchez. in-4°.

112. — Le même. — *Examen des deux questions suivantes,
comme complément nécessaire de l'essai sur la théologie
morale dans ses rapports avec la physiologie et la médecine
et la mœchialogie.....* [Ces questions ont trait à l'opération
césarienne]..... *par P.-J.-C. Debreyne.....* Paris, Poussielgue-Rusand, 1846. in-8°.

113. — Le même. — *Examen de la question de l'opération césa-
rienne posthume ou du baptême des enfants, dont les mères
meurent avant la parturition. Cette question est examinée
aux points de vue légal, médical, théologique, moral et social,
destiné aux prêtres et aux médecins.* Paris, Poussielgue-
Rusand. s. d. in-8°·

114. — Le même. — *Mœchialogie. Traité des péchés contre les
sixième et neuvième commandements du décalogue et de
toutes les questions matrimoniales qui s'y rattachent direc-*

tement ou indirectement, suivi d'un abrégé pratique d'embryologie sacrée. Ouvrage mis à la hauteur des sciences physiologiques, naturelles, médicales et de législation moderne (Il est exclusivement destiné au clergé), par P.-J.-C. Debreyne..... Seconde édition. Paris, Poussielgue-Rusand. 1846. in-8°.

115. — Le même. — *Même ouvrage, même titre. 3ᵉ édition.* Paris, Poussielgue-Rusand, 1865. in-8°.

116. — Le même. — *Même ouvrage, même titre. 4ᵉ édition.* Paris, Poussielgue-Rusand, 1868. in-12.

117. — Le même. — *Même ouvrage, même titre. 5ᵉ édition.* Paris, Poussielgue-Rusand, 1873. in-18 jésus.

118. — Le même. — *Tratado de los pecados contra el sesto y noveno mandamientos del Decalogo y de todas las cuestiones matrimoniales que con ellos se rozan directa o indirectamente, seguido de un compendio de embriologia sagrada. Obra puesta a la altura de las ciencias fisiologicas, naturales, medicas y de la legislacion moderna, destinada esclusivamente al clero, por P.-J.-C. Debreyne, doctor en medicina..... Traducida de la segunda edicion, revisada, corregida y considerablemente amentada.* Barcelona, 1854, imp. de Pons y comp. Madrid, lib. de Sanchez. in-8°.

119. — Le même. — *Théorie biblique de la cosmogonie et de la géologie, doctrine nouvelle fondée sur un principe unique et universel puisé dans la Bible. Ouvrage spécialement destiné au clergé et aux séminaires.* Paris, Poussielgue-Rusand, 1847. in-8°.

> « Cet ouvrage ayant été attaqué dans la *Revue de l'enseignement,* 1849, par un écrivain anonyme, fut défendue dans la brochure suivante : *Réponse à une critique de l'ouvrage intitulé: Théorie biblique de la cosmogonie et de la géologie, du R. P. Debreyne, par A. Espanet.* Paris, Poussielgue-Rusand, 1852. in-8°. » (Abbé Letacq.)

120. — Le même. — *Même ouvrage, même titre. Nouvelle édition.* Paris, Poussielgue-Rusand, 1856. in-8°.

121. — Le même. — *Teoria biblica de la cosmogonia y de la geologia ; nueva doctrina fundada sobre un principio unico y universel sacado de la Biblia; por P.-J.-C. Debreyne, traducida del frances por el Dʳ D. Pedro Parcet y D. Juan Cascante. Seguida de un tratado titulado : Moises y los geologos modernos, por M. Victor de Bonald.* Barcelona, 1854, imp. de P. Riera. Madrid, lib. de Olamendi. in-4°.

122. — Le même. — *Essai analytique et synthétique sur la doctrine des élémens morbides considérés dans leur application thérapeutique, par P.-J.-C. Debreyne.....* Paris, chez J.-B. Baillière, 1849. in-8º.

123. — Le même. — *Ensayo analitico y sintetico sobre la doctrina de los elementos morbificos considerados en su aplicacion terapeutica, por P.-J.-C. Debreyne, doctor en medicina..... Traducido de la edicion de 1849, por el Dr. D. Pedro Parcet y D. Juan Cascante.* Barcelona, 1852, imp. y lib. de T. Gorchs. Madrid, lib. de Bailly-Baillière. in-4º.

124. — Le même. — *Le salut de la France, par le P. Debreyne.* Paris, Poussielgue-Rusand, 1851. in-8º.

125. — Le même. — *Des vertus thérapeuthiques de la belladone par le docteur Debreyne.* Paris, chez J.-B. Baillières et Londres, chez H. Baillières, 1852. in-8º.
    Cet ouvrage a obtenu en Belgique une médaille académique.

126. — Le même. — *Colonie agricole monastique fondée à la Grande-Trappe, près Mortagne (Orne), pour les jeunes détenus. Agriculture monastique.* Laigle, Ginoux, 1855. in-8º.

127. — Le même. — *Le dimanche ou nécessité physiologique, hygiénique, politique, sociale, morale et religieuse du repos heptamérique ou du repos dominical.* Opuscule chez l'auteur, 1856. in-8º.

128. — Le même. — *La théologie morale et les sciences médicales par le P. Debreyne..... Sixième édition entièrement refondue par le Dr. A. Ferrand, médecin des hôpitaux de Paris.* Paris, Poussielgue frères, 1884. in-18 jésus.

129. — Le même. — *Du suicide considéré aux points de vue philosophique, religieux, moral et médical, suivi d'un traité sur le duel.* Paris, Poussielgue-Rusand. s. d. in-8º.

130. — Le même. — *Del suicidio considerado bajo los puntos de vita filosofico, religioso, moral y médico, seguido de algunas reflexiones sobre el duelo, por P.-J.-C. Debreyne, doctor en medicina.....* Barcelona, 1857, imp. y lib. de Pons y comp. Madrid, lib. de Olamendi y Sanchez. in-4º.

131. — Le même. — *Essai philosophique sur l'influence que le régime alimentaire peut exercer sur la civilisation, les mœurs, l'éducation, la politique, la guerre chez les différents peuples du globe.* Paris, Poussielgue-Rusand. in-8º.

132. — Le même. — *Le prêtre et le médecin devant la société.*
Paris, Poussielgue-Rusand. in-8°.

133. — Le même. — *El sacerdote y el médico ante la societad,
por P.-J.-C. Debreyne, doctor en medicina..... Obra puesta
en castellano por D. J. V. y P. y por D. M. P. y R.*
Barcelona, 1852, imp. de Pons y comp. Madrid, lib. de
Sanchez. in-8°.

> Le Père Pierre-Jean-Corneille Debreyne naquit à Quœdypre,
> près Dunkerque, le 7 novembre 1786. Docteur en médecine de
> la Faculté de Paris en 1814, il revêtit l'habit des trappistes
> en 1823 sous le nom de Père Robert. C'est là qu'il composa la
> plus grande partie de ses ouvrages. Il y mourut au mois d'oc-
> tobre 1867. Les différentes éditions de ses œuvres sont fort
> difficiles à rassembler, car la plupart sont devenues rares et ne
> portent pas de dates. Nous n'indiquons d'ailleurs qu'incidem-
> ment ses travaux, mais nous pensons l'avoir fait d'une façon
> à peu près complète.
>
> Voir à son sujet : *Nouvelle biographie de F. Didot, 1862.*
> XIII, 293. — *Dict. encycl. des sc. médicales, 1864.* XXVI, 117.
> — *Dict. de Larousse, 1867.* VI, 198.

134. — **Déclaration** *des religieux et des F. F. convers de l'Abéïe
de la Trappe sur les faux bruits qu'on a répandus dans le
monde du prétendu relâchement de leur vie. 14 septembre 1694.* S. l. [1694]. in-8° de 4 p.

> Exemplaire à la Bibl. Nationale : Ld^{17} 186 et ms. fr. 24123.
> f. 18.

135. — **Delasalle** (Paul). — *Une excursion dans le Perche.* Imp.
au Mans [1833]. in-8°.

> Une partie est consacrée à la Trappe.

136. — **Delaunoy.** — *Véritable tradition de l'Eglise sur la prédes-
tination et la grâce, par M. Delaunoy, docteur en théologie
de la maison et société de Navarre.* A Liège, chez Nicolas
Le François, 1702. in-12.

> On y trouve (p. 128-142) le *Projet d'une lettre de Monsieur
> Armand Jean Boutillier de Rancé, abbé de la Trappe, à
> Monsieur l'abbé de Tillemont, laquelle n'a pas été envoyée.*
> V. Le Nain de Tillemont.
>
> Exemplaire : Bibliothèque Nationale, D. 1468, aux armes de
> Daniel Huet, év. d'Avranches.

137. — **Delisle** (Léopold). — *Fausseté d'une charte de saint Louis
pour l'abbaye de la Trappe.*

> *Bibliothèque de l'Ecole des Chartes*, tome LI, année 1890.
> Paris, Picard. p. 378.
>
> Cette charte de 1246 avait été ajoutée au *Cartulaire de la
> Trappe* publié en 1889.

138. — Desessarts (L.-N.-M.). — *Les siècles littéraires de la France ou nouveau dictionnaire historique, critique et bibliographique de tous les écrivains français, morts et vivans jusqu'à la fin du* XVIIIe *siècle.* A Paris, an IX-an XI (1801-1803). 7 vol. in-8°.

> Art. : Gervaise (dom Arm.-Franç.). III, 244.
> Mabillon (Jean). IV, 198.
> Nain (Pierre le). V, 2.
> Rancé (dom Arm.-J. Le B. de). V, 336.

139. — Desmares (le Père), et **Félibien des Avaux** (André). — *Description de l'abbaye de la Trappe.* Paris, chez Frédéric Léonard, 1671. in-16.

> *Dédiée à Madame la duchesse de Liancour, sous forme de lettre.*
>
> Exemplaires : Bibliothèque Nationale, avec notes manuscrites de Jamet, réserve Lk7 3584. Derrière le titre on lit : *M'a été donné par M. l'abbé Lebeuf, de l'Acad. des inscript. et belles-lettres, ce 30 juin 1751,* signé, *Jamet.* — Bibliothèque de l'Arsenal, H. 13398a. v. br., dos orné avec l'ex-libris du Mis de Paulmy, et H. 13398, v. br., dos orné, provenant de la bibliothèque de l'Oratoire de Paris. — Bibliothèque de Versailles, I H j 9. F. R.
>
> Catalogue Secousse. Paris. 1755. 13 s. — Môre. 1890. 6 fr.
>
> Cette description a été publiée avec notes à la suite de la « *Relation de la vie et de la mort de quelques religieux de la Trappe.* » P. 1755. Tome V, p. 327, et 1758. IV, 447. Elle fut traduite en anglais.
>
> La question de savoir quel est l'auteur de la description de la Trappe est fortement discutée. Quelques bibliographes l'attribuent au Père Desmares, de l'Oratoire, entre autres la « *Bibliotheca Britannica, by Robert Watt, 1824* », d'autres, comme *Quérard (Supercheries dévoilées)* et *Barbier (Dict. des anonymes),* nomment Félibien des Avaux. Le *Père Lelong* enfin dit que l'édition de 1671 serait de Félibien, celle de 1683 du P. Desmares. Que résoudre au milieu d'avis si différents ? Dans l'éloge de M. Félibien, écr, sr des Arvaux et de Javercy *(Jal des scavans, nov. 1695, p. 462),* nous lisons : « *L'année 1670 il* [Félibien] *décrivit dans une lettre à madame la duchesse de Liancourt la réforme de l'abbaye de la Trappe et la vie sainte qui s'y mène dont, depuis sept ou huit ans, il avoit été témoin plusieurs fois. M. Colbert n'eut pas si tôt jeté les yeux sur ce petit ouvrage, lors que M. Félibien le lui présenta, que nonobstant ses grandes occupations, il ne le quita point qu'il ne l'eust lu tout entier. M. Félibien metoit au nombre d'une de ses plus heureuses avantures les marques d'estime et d'amitié qu'il avait reçues pendant 55 ans de M. l'abbé de la Trape...* » D'autre part, l'édition de 1683 porte bien : « *Description de la Trappe par le R. P. Desmares, prestre de l'Oratoire* », et afin

qu'il n'y ait pas de doute, l'auteur signe à la fin : « *Desmares, prestre de l'Oratoire et curé de Liancourt* ». Les autres éditions sont anonymes.

Ne pourrions-nous donc concilier ces deux opinions en faisant la supposition, fort plausible d'ailleurs, que l'œuvre fut conçue par Félibien, qu'ayant eu l'occasion plusieurs fois de faire le voyage de la Trappe et d'y observer la manière d'y vivre des religieux, il en fournit tous les matériaux au P. Desmares qui les rédigea et en fit cette description qui nous est parvenue. C'est la solution à laquelle nous nous arrêtons.

140. — [Les mêmes.] — *Description de l'abbaye de la Trappe.* A Paris, chez Frédéric Léonard, 1677. in-16.

> *A Madame la duchesse de Liancour.*
>
> Exemplaires : Bibliothèque Nationale, Lk⁷ 3584ᴬ. — Bibliothèque de l'Arsenal, H. 13398 ᵇⁱˢ ᴬ. rel. parch. et H. 13398 ᵇⁱˢ ᴬᵘ. v. br., dos orn.

141. — [Les mêmes.] — *Description de l'abbaye de la Trappe. Deuxième édition.* A Paris, chez Christophe Jornel, 1682. in-16, avec un plan de l'abbaye.

> Exemplaire : Bibliothèque Nationale, Lk⁷ 3584 ᴮ veau ant. aux armes et avec l'ex-libris de Pierre-Daniel Huet, év. d'Avranches.
>
> Cat. Méon, Paris, 1803. 1 l.

142. — Les mêmes. — *Description de l'abbaye de la Trappe avec les constitutions, les réflexions sur icelles, la mort de quelques religieux de ce monastère, plusieurs lettres du R. P. abbé et une briève relation de l'abbaye de Septfons.* Lyon, chez Laurent Aubin, 1683. in-12 de 336-96 p.

> Cette édition contient :
>
> *Description de l'abbaye de la Trappe par le R. P. Desmares, prestre de l'Oratoire et curé de Liancourt.* p. 1.
>
> *Lettre d'un religieux bénédictin de la congrégation de S. Maur à sa sœur religieuse sur l'excellente manière de vivre de la Trappe, signée F. F. P. A., moine bénédictin.* p. 71.
>
> *Constitutions de l'abbaye de la Trappe et réflexions.* p. 112 et 149.
>
> *Relations de la mort de frère Benoist,* p. 195. — *Dom Jacques,* p. 216. — *Dom Paul,* p. 231. — *Dom Charles,* p. 244. — *Dom Urbain, prieur,* p. 275. — *Dom Augustin,* p. 294.
>
> *Relation de l'abbaye de Septfons,* p. 325.
>
> *Requestes au Roy du R. P. abbé de la Trappe et des religieux de Citeaux.* p. 1 et 19.
>
> *Lettre de l'abbé de la Trappe à l'abbé de Citeaux. 6 avril 1672.* p. 23.
>
> *Lettre du même à l'abbé de Clairvaux, 4 janvier 1673.* p. 31.
>
> *Lettre du même à une religieuse, 29 juillet 1677.* p. 41.
>
> *Lettre du même à des religieux de S. Benoit. 23 juillet 1671.* p. 77.

Lettre du même à M. Duhamel, docteur de Sorbonne. p. 83.
Lettre à une religieuse sur le vœu de pauvreté. p. 87.

143. — [Les mêmes.] — *Description de l'abbaye de la Trappe. Nouvelle édition avec figures.* Paris, chez Jacques Le Febvre, 1689. in-12.

> En tête, gravure représentant l'église de l'abbaye, vue inté-rieure. A la suite sont plusieurs *relations de vie et de mort des religieux de la Trappe,* p. 97 et suivantes, un *entretien de M. l'abbé et d'un docteur de Sorbonne* sur la façon dont saint Bernard signait ses lettres, p. 167, et *les constitutions de la Trappe,* p. 177.
>
> Exemplaires : Bibliothèque de l'Arsenal. H. 13398 ter et H. 13398 ter A.
>
> Cat. Gaignat. Paris, 1769. 3 l. 6 s.

144. — [Les mêmes.] — *Relation contenant la description de l'abbaye de la Trappe.* A Paris, chez Florentin Delaulne, 1703. in-12.

> Suivie d'une « *Relation d'un voyage fait à la Trappe conte-nant la description de cette maison* », p. 97.
>
> Une copie manuscrite (XVIIe s.) de cette seconde relation existe à la Bibliothèque de l'Arsenal, no 3824. Elle fut publiée de nouveau dans les « *Relations de la vie et de la mort de quelques religieux de la Trappe* », édit. 1755. v, 391. — édit. 1758. IV, 479.
>
> Exemplaires : Bibliothèque Nationale, Lk7 3585. — Biblio-thèque de l'Arsenal, H. 13398 bis.

145. — **Dictionnaire** *encyclopédique des sciences médicales* [par différents auteurs] — *directeur A. Dechambre.* Paris, G. Masson et Asselin et Cie, 1864-1889. 99 vol. in-8°.

> Art. : Debreyne (Pierre-Jean-Corneille), par L. Hu. T. XXVI, p. 117.

146. — **Dictionnaire** *historique-portatif des ordres religieux et militaires et des congrégations régulières et séculières qui ont existé jusqu'à nos jours, contenant leur origine, leur progrès, leur décadence et les différentes réformes qu'ils ont éprouvées, avec les marques qui les distinguent les uns des autres, par M. C. M. D. P. D. S. J. D. M. E. G.* A Amster-dam, chez Marc-Michel Rey, 1769. in-12.

> Trappe. p. 273-279.

147. — **Didio** (chanoine). — *Chanoine Henri Didio, vice recteur des Facultés catholiques de Lille. La querelle de Mabillon et de l'abbé de Rancé.* Amiens, Imprimerie générale Rous-seau-Leroy, 1892. in-8°.

> La couverture porte : Lille, B. Bergès. Colmar, L. Lorber, 1892.

Compte-rendu : *Etudes religieuses, phil., hist. et litt. par des pères de la Compagnie de Jésus. 15 décembre 1893. Par G. Brucker.* p. 691.

148. — [**Dorat.**] — *Lettre du comte de Comminges à sa mère, suivie d'une lettre de Philomèle à Progné.* A Paris, de l'imp. de Sébastien Jorry, 1764. in-8°.

La lettre du comte de Comminges et un extrait de ses mémoires occupent les pages 1 à 45.

Ornée d'une gravure représentant le comte de Comminges et Adélaïde de Lussan sous le costume des trappistes, l'un pensif, appuyé sur sa bêche, l'autre se promenant dans le jardin de l'abbaye. Frontispice : trappiste (toujours le comte de Comminges) contemplant un médaillon (image d'Adélaïde de L.). Eissen inv.

Compte-rendu : *Corr. littér., phil. et critique... du B°n de Grimm.* IV, 276.

Exemplaire : Bibliothèque Nationale, réserve Y 5492, inventaire Ye 2448. mar. r. aux armes royales de France.

Voir n° 29.

Cat. Greppe, janvier 1894. Rel. anc. sur pap., de Hollande, avec deux autres pièces du même auteur. 40 fr.

149. — [**Le même.**] — *Lettre du comte de Comminges à sa mère, suivie d'une lettre de Philomèle à Progné ; nouvelle édition.* Paris, Sébastien Jorry, 1785. in-8°.

150. — **Dubois** (abbé). — *Histoire de l'abbé de Rancé et de sa réforme composée avec ses écrits, ses lettres, ses règlements et un grand nombre de documents contemporains inédits ou peu connus, par l'abbé Dubois.* Paris, Ambroise Bray, 1866. 2 vol. in-8°.

En tête : portrait de Rancé. E. Nesle del. et lith. buste, profil à gauche. Cette première édition ne renferme pas d'autres gravures. Tirée à 2,000 ex.

151. — Le même. — *Histoire de l'abbé de Rancé et de sa réforme composée avec ses écrits, ses lettres, ses règlements monastiques et un grand nombre de documents contemporains inédits ou peu connus. La seule approuvée par la Congrégation des Trappistes de l'abbé de Rancé. Deuxième édition, corrigée et ornée d'un portrait de l'abbé de Rancé, d'après Rigaut, d'un fac-simile et de sept beaux dessins représentant : la prise d'habit, le chapitre des Coulpes, le travail des religieux, la promenade avec Bossuet dans les bois, la réception du Roi Jacques II et la mort sur la cendre et la paille. Par M. l'abbé Dubois, ancien professeur de philosophie, chanoine honoraire de Dijon, membre de l'Académie de cette ville*

et de plusieurs autres sociétés savantes. Paris, Poussielgue frères, 1869. 2 vol. in-8°.

> Comptes-rendus :
> *Revue contemporaine*, 15 août 1867, art. sig. Bon Ernouf. — *Bull. de la soc. pour la publication et l'encouragement des livres utiles*, octobre 1867. — *Correspondant*, 25 nov. 1867. p. 736, art. sig. P. Douhaire. — *Bulletin du Bibliophile*, avril-mai 1869. — *Journal des savants*, mai 1869. — *Union bourguignonne* et à part, par J. Simonnet. in-18. — *F. Martin. Les moines et leur influence sociale*, 1880. II, p. 21, etc., etc.

152. — **[Du Bois** (Louis).] — *Histoire civile, religieuse et littéraire de l'abbaye de la Trappe et des autres monastères de la même observance qui se sont établis, tant en France que dans les pays étrangers, avant et depuis la révolution de 1789 et notamment de l'abbaye de Mellerai, suivie de chartes et d'autres pièces justificatives la plupart inédites, par M. L. D. B.* Paris, Raynal, 1824. in-8°.

> En tête, portrait de l'abbé de Rancé, gravé par Rousseau fils.

153. — **[Dubos** (Charles-François).] — *Abrégé de la vie de messire Henry de Barillon, évêque de Luçon.....* A Delft, chez Henry Vanrin, 1700. in-16.

> Sa liaison avec l'abbé de Rancé. p. 11.
> Ses voyages à la Trappe. p. 55.

154. — **Duhamel** (Pierre-Modeste). — *Liste des plantes recueillies par MM. Duhamel, Couvey et Lecœur, dans une herborisation faite à la Trappe les 13 et 14 août 1880.*

> *Bulletin de la Société linnéenne normande.* 3e série. Tome V, 1880-81, p. 11.

155. — Le même. — *Herborisation à la Grande-Trappe (Orne).*

> *Feuille des jeunes naturalistes.* 11e année, 1881. p. 151.
> Voir Boisduval (D^r).

156. — **Du Moustier** (le P.). — *Neustria pia seu de omnibus et singulis abbatiis et prioratibus totius Normaniæ quibus extruendis fundandis dotandisque pietas Neustriaca magnificentissime eluxit et commendatur deque sanctarum illarum domorum, rectoribus, privilegiis et aliis ad ipsas quoquomodo spectantibus, auctore R. Patre Arturo du Moustier, Rothomagensi ordinis fratrum minorum recollectorum presbytero.* Rothomagi, apud Joannem Berthelin, 1663. in-fol.

> Trappa, quis fundator ejus fuerit et primus abbas, Adami abbatis sanctitas. p. 789.

157. — **Duterte** (Adolphe-Henri). — *Liste des plantes recueillies par MM. Duterte, Gosnet, curé de Saint-Cénéry et Rever-*

chon, *lors d'une excursion faite dans les premiers jours du
mois de septembre 1880, de Mortagne à Longny, forêt de
Saint-Mard-de-Réno, de Longny à l'étang des personnes,
étang des personnes, de Longny à la Trappe, bois de la
Trappe, étangs de la Trappe, marais tourbeux des Burres.*

> *Bulletin de la Société linnéenne de Normandie*, 1880-81.
> p. 12.

158. — Le même. — *Compte-rendu des herborisations faites par
la Société linnéenne de Normandie à la Trappe, le dimanche
10 juillet 1881.*

> *Bulletin de la Société linnéenne de Normandie*, 1880-81.
> p. 314.

159. — **Écho de l'arrondissement de Mortagne.** Mortagne, Daupeley, 1848 (1re année, 5 nov.) à..... in-4°.

> Feuille hebdomadaire devenue plus tard *L'Echo de l'Orne.*
>
> La Trappe, poésie par ***. 26 novembre 1848. p. 14.
>
> Rapport fait à la commission agricole sur les vices de l'agri-
> culture dans le canton et les moyens d'y remédier, par
> M. Hercelin, supérieur de la Grande-Trappe, chef de la ferme-
> modèle qui y est établie et membre de la dite commission.
> 14 janvier 1849. p. 41.
>
> Installation de la colonie agricole de la Grande-Trappe (Cette
> installation eut lieu le 26 septembre 1854). Discours du R. P.
> abbé de la Trappe et du sous-préfet de Mortagne, 2 octobre 1854.
> p. 233.
>
> M. Lherminier, médecin de la Trappe, par Charles Du Hays.
> 16 décembre 1858. p. 3.
>
> Monastère de la Trappe. Quelques lignes inédites d'histoire
> par le D^r J[ousset]. 30 novembre 1865.
>
> Bernardin de Saint-Pierre à la Trappe, par un bourgeois
> de Bellême [Mis de Chennevières]. 19, 26 mars, 2 avril 1868.
>
> Incendie à la Trappe. 17 août 1871.
>
> Mort du P. abbé de la Trappe (17 novembre 1880).
> 25 novembre 1880.

160. — **Eclaircissement** *sur le procès entre les abbés et les religieux de Nostre Dame de la Trappe, d'une part ; les
créanciers de Magdeleine de Pluviers, veuve du feu sieur de
Pierre-Fitte, fille et héritière de Claude de Pluviers, vivant
écuyer, sieur de Marolles, d'autre part. Et encore le sieur
Marquis de Tourouvre, adjudicataire par décret des biens
immeubles de la dite Magdeleine de Pluviers.* S. l. n. d. [fin
du XVIIe s.]. in-4° de 4 p.

> Pièce relative aux fief, terre et seigneurie de Bubertré, Mont-
> poulain, Bois-du-Fay.
>
> Exemplaire : Bibliothèque Nationale. Thoisy 368. Z. 2284
> f. 118.

161. — **Encyclopœdia** *(The)* *britannica a dictionary of arts, sciences and general literature.* Edinburgh, Adam and Charles Black, 1888-89. 25 vol. in-4°.

> Art. Trappists, vol. XXIII. p. 522 (4 col. 1/2).

162. — **Encyclopédie** *des gens du monde, répertoire universel des sciences, des lettres et des arts, avec des notices sur les principales familles historiques et sur les personnages célèbres, morts et vivants, par une société de savants, de littérateurs et d'artistes français et étrangers.* Paris, Treuttel et Würtz, 1844. 22 vol. in-8°.

> Rancé, par Val. P. XX, 349.
> Trappe (la). XXII, 243.

163. — **Encyclopédie** *du dix-neuvième siècle, répertoire universel des sciences, des lettres et des arts avec la biographie et de nombreuses gravures.* Paris, 1872. 26 vol. in-8°.

> Gervaise (dom). XI, 553.
> Nain (dom Le). XV. 719.
> Rancé (abbé de). XX, 88.
> Trappe (la). XXIII, 239.

164. — **Ephémérides universelles** *ou tableau religieux, politique, littéraire, scientifique et anecdotique présentant pour chaque jour de l'année un extrait des annales de toutes les nations et de tous les siècles depuis les temps historiques jusqu'à nos jours* [par différents auteurs]. Paris, chez Corby, 1828-33. 13 vol. in-8°.

> 1700. Mort de l'abbé de Rancé. Tome X, p. 431.

165. — **Espanet** (A.). — *Réponse à une critique de l'ouvrage intitulé : théorie biblique de la cosmogonie et de la géologie du R. P. Debreyne, par A. Espanet.* Paris, Mme veuve Poussielgue-Rusand, 1852. in-8° de 32 p.

166. — **Espanet** (J.-M.). — *Traité pratique de l'éducation du lapin domestique d'après la méthode de la Trappe, par J.-M. Espanet, religieux trappiste, sous la direction de R. P. d. Joseph-Marie Hercelin, abbé de la Grande-Trappe (Orne) et chef de la ferme-modèle qui y est établie, omnibus, à tous.* [Paris], librairie agricole de la maison rustique, 1848. in-18.

> Compte-rendu : Echo de l'arrondissement de Mortagne, 1848. 31 décembre, p. 34, et 6 mai 1849, p. 128.

167. — **Exauvillez** (Phil.-Irénée Boistel d'). — *Histoire de l'abbé de Rancé.* Paris, Debécourt, 1842. in-12.

> Fait partie d'une collection intitulée : *Les Gloires de la France.*

168. — Le même. — *Histoire de l'abbé de Rancé, réformateur de la Trappe. Nouvelle édition revue, corrigée et augmentée par l'abbé R. Bonhomme, prêtre du diocèse d'Evreux.* Paris, J. Delsol, 1868. in-12.

169. — **Exorde de Cîteaux** *(le petit et le grand), contenant les origines du monastère et de l'ordre de ce nom, avec de nombreuses légendes sur la vie admirable des anciens moines de Clairvaux.* Soligni-la-Trappe, imprimerie de la Grande-Trappe, 1884. gr. in-8°, orné de 8 gravures.

170. — [F.....] — *Histoire des Trappistes du Val-Sainte-Marie, diocèse de Besançon, avec des notices intéressantes sur les autres monastères de la Trappe en France, en Belgique, en Angleterre, en Irlande et sur plusieurs religieux trappistes* [par F.....], *ouvrage utile à MM. les ecclésiastiques et aux chrétiens du monde qui désirent avoir une juste idée du genre de vie des trappistes. Quatrième édition revue avec soin.* Paris, Waille, 1843. in-8°.

> En tête, une gravure représentant l'abbé de Rancé et l'abbé de Beaufort, réformateurs de l'ordre de Cîteaux.
>
> Voir spécialement pour ce qui concerne l'abbé de Rancé et l'abbaye de la Trappe au diocèse de Séez, le chapitre IV, p. 26 et une notice sur dom Dorothée, disciple de l'abbé de Rancé, p. 229 et passim.

171. — [F.....] — *Lettre de F***, religieux de la Trappe, au R. P. dom U. T..., religieux de la congrégation de Saint-Maur.*

> Remarques au sujet du livre de l'ancienne discipline monastique du R. P. dom ***, religieux de Saint-Blaise dans la forêt noire, principalement sur la nourriture des religieux.
>
> Dans les « *Mémoires pour l'histoire des sciences et des Beaux-Arts*..... A Trévoux, chez Et. Ganeau ». In-12. août 1726. Art. LXXII, p. 1441-1454.

172. — [F.....] — *Seconde lettre de Frère ***, religieux la Trappe, au R. P. dom V. T., religieux de la congrégation de Saint-Maur.*

> Suite du même sujet.
>
> Dans le même recueil. Septembre 1726. Art. LXXXIV, p. 1706-1727.

173. — **F. F. P. A.** — *Description de l'abbaye de Notre-Dame de la Trappe, de l'ordre de Cisteaux, diocèse de Sées, et de l'excellente manière de vie des abbé et religieux de cette sainte maison, tirée de la lettre d'un religieux bénédictin de la congrégation de Saint-Maur à sa sœur religieuse. Signé : F. F. P. A.* Rouen, J. Hérault, 1670. in-4°.

Autre édition de 1671 s. l. in-12.

La lettre dont il est question se trouve dans la *Description de l'abbaye de la Trappe* du P. Desmares, édit. 1683, p. 71.

Exemplaires : Bibliothèque Nationale. Lk⁷ 3583 et 3583 ᴬ.

174. — **F. G. A. D. E.** — *Lettre de F. G. A. D. E. au révérend abbé de la Trappe sur sa requeste présentée au Roy.* S. l. n. d. in-4° de 8 p.

Exemplaire : Bibliothèque Nationale. Ld¹⁷ 184.

175. — **Factum** *pour Mᵉ Louis Boivin, avocat au parlement de Paris, au principal deffendeur renvoyé à la Cour par sentence arbitrale du 18 septembre 1693 et incidemment appelant en tant que besoin seulement de la prétendüe sentence arbitrale du 10 septembre 1694.*

Contre le saint abbé et les religieux de la Trape, seigneurs du Chêne-Hautacre, au principal demandeurs, se disants intimez et apelants, renvoyez à la Cour, incidemment demandeurs en homolagation et appelez en tant que besoin seulement sur la prétendüe sentence, sous le nom de Pierre Turmeau, prétendu directeur de leur temporel. S. l. n. d. [v. 1696]. in-4° de 56 p.

Au sujet des héritages des demoiselles Mahiel, relevant de cinq seigneuries dont l'une, celle du Chêne-Hautacre, appartenait à l'abbaye de la Trappe.

Exemplaire : Bibliothèque Nationale. Fm. 3370.

176. — **Fellowes** (W.-D.). — *A visit to the monastery of La Trappe in 1817 with notes taken during a tour trough Le Perche, Normandy, Bretagne, Poitou, Anjou, Le Bocage, Touraine, Orléanois, and the environs of Paris by W.-D. Fellowes, esq. illustrated with numerous coloured engravings, from drawings made on the spot. Seconde édition.* London, printed for William Stockdale, 1818. in-8°.

Chap. I. Route from Paris to Mortagne. — Excursion to la Trappe. — State of the order since the restoration and rules under the abbe de Rance. p. 1-35.

Gravures en couleur. I. Clark, sculp. — *View of the monastery of La Trappe*, p. 8. — *Ruins of the ancient church of La Trappe*, p. 16.

177. — **Ferlet** (abbé). — *Oraison funèbre de Monseigneur Christophe de Beaumont, archevêque de Paris, prononcée en présence de l'assemblée du clergé, de son président Monseigneur le cardinal de La Rochefoucault et de plusieurs autres archevêques et évêques, le 20 décembre 1782, dans l'église paroissiale de Saint-Roch, par M. l'abbé Ferlet, cha-*

noine de Saint-Louis au Louvre. A Paris, chez Moutard,
1784. in-8º.

Son séjour à la Trappe. p. 16.

178. — **Feuillet de Conches.** — *Causeries d'un curieux. Variétés
d'histoire et d'art tirées d'un cabinet d'autographes et de
dessins par Feuillet de Conches.* Paris, H. Plon, 1862.
4 vol. in-8º.

Passage relatif au portrait de l'abbé de Rancé peint par
Rigaud et, à ce sujet, lettre de l'abbé Maisne, secrétaire de l'abbé
de la Trappe, à l'abbé Nicaise. Tome I, p. 337, note 2.

179. — **Firmin-Didot.** — *Nouvelle biographie générale depuis les
temps les plus reculés jusqu'à nos jours, avec les renseignements bibliographiques et l'indication des sources à consulter,
publiée par MM. Firmin-Didot frères, sous la direction
de M. le Dr Hoefer.* Paris, Firmin-Didot frères, 1862-1866.
46 vol. in-8º.

Art. Debreyne (Pierre-Jean-Corneille), par J. B. XIII. col. 293.
Gervaise (dom François-Armand). XX, col. 33.
Lenain (dom Pierre). XXX, col. 643.
Mabillon (Jean), par M. Hauréau. XXXII, col. 437.
Rancé (Arm.-J. Le B. de), par H. Fisquet. XLI, col. 580.

180. — **Fournier** (Edouard). — *Edouard Fournier. Paris démoli,
deuxième édition, revue et augmentée, avec une préface par
M. Théophile Gautier.* Paris, Aug. Aubry, E. Dentu, 1855.

Madame de Montbazon et l'abbé de Rancé. Réfutation de
ce conte absurde dont le héros serait bien plutôt M. de Candale.
p. 64.

V. *Mémoires de Chavagnac.* XI, p. 210.

181. — **Fret** (abbé). — *Antiquités et chroniques percheronnes ou
recherches sur l'histoire civile, religieuse, monumentale,
politique et littéraire de l'ancienne province du Perche et
pays limitrophes, par l'abbé L. Joseph Fret, prêtre, curé de
Champs.....* Mortagne, imp. de Glaçon, 1838-40. 3 vol. in-8º.

Abbaye de la Trappe. III, p. 356-393.

182. — **Le même.** — *La pélerine percheronne, normande et beau-
ceronne ou promenade pittoresque, historique et monumentale à travers le Perche et les pays limitrophes. Contenant
un détail varié de différentes excursions aux lieux les plus
célèbres de nos contrées, tels que les ruines de la chartreuse
du Val-Dieu, canton de Mortagne, l'abbaye de la Trappe,
églises, châteaux, villages, hameaux, anciens manoirs
féodaux, avec la description de ces différens lieux et monu-
mens suivie d'incidens de voyages, de conversations et*

dialogues avec nos bons villageois, de scènes campagnardes, d'esquisses de mœurs relatives au pays, usages, patois, anecdotes plaisantes et poésies morales. Etrenne instructive et amusante destinée à ses compatriotes, par l'abbé Fret, curé de Champs. Séez, Valin, 1840. in-16.

Petite promenade de Champs au monastère de la Trappe. Septembre 1839. p. 97-115.

183. — Le même. — *Le diseur de vérités. Almanach spécial du Perche et des départemens de l'Orne et d'Eure-et-Loir, petit annuaire civil, religieux, historique et littéraire, par L. J. F. C. D. C. 2e année. Pour l'an de grâce 1839.* Mortagne, imp. de Glaçon.

L'abbaye de la Trappe, poésie par Raymond du Doré. p. 116.

184. — Le même. — *Le diseur de vérités. Almanach spécial du Perche et des départemens de l'Orne, d'Eure-et-Loir, Eure, Sarthe, Calvados, Loir-et-Cher, Loiret, Seine-Inférieure et pour tous les départemens en général. Petit ouvrage très gai, très amusant, historique, moral, religieux, très varié, pittoresque, avec des scènes de mœurs champêtres d'après nature, des poésies, historiettes, prophéties, etc., par un ermite, voisin de la forêt du Perche, ami de son pays. 5e année. Pour l'an de grâce 1842.* Paris, imp. de H. Vrayet de Surcy et Cie. in-32.

Promenade à l'abbaye de la Grande-Trappe, romance, p. 120.

185. — **Frollo** (Jean). — *A la Trappe.*
Journal « *le Petit Parisien* ». 5 sept. 1892.

186. — **Froustey-Bouvard** (O.). — *Les Trappistes.*
Journal « *l'Événement* ». 25 sept. 1892.

187. — **Gaillardin** (Casimir). — *Les Trappistes ou l'ordre de Citeaux au* XIXe *siècle. Histoire de la Trappe depuis sa fondation jusqu'à nos jours, 1140-1844.* Paris, au comptoir des imprimeurs unis, 1844. 2 vol. in-8o.

188. — Le même. — *Même ouvrage, même titre.* Paris, L. Maison, 1853. 2 vol. in-8o.

189. — **Gallia Christiana** *in provincias ecclesiasticas distributa, in qua series et historia archiepiscoporum, episcoporum et abbatum regionum omnium quas vetus Gallia complectebatur, ab origine Ecclesiarum ad nostra tempora deducitur et probatur ex authenticis Instrumentis ad calcem appositis, opera et studio monachorum congregationis S. Mauri ordinis S. Benedicti.* Parisiis, ex typ. regia, 1715-1786, 1856-1868. 16 vol. in-fol.

Trappa. Tome XI, col. 747-752.

190. — **Gasté** (Armand). — *Bossuet en Normandie. Discours prononcé dans la séance solennelle de rentrée des facultés, le 3 novembre 1893, par M. Armand Gasté, professeur à la Faculté des Lettres de Caen...* Caen, Henri Delesques, 1893. in-8°.

> Voyage de Bossuet à la Trappe. p. 14 et suivantes.

191. — **Gazette de France** (la). — *Le Roi pourvoit à la vacance de l'abbaye de la Trappe après la mort de dom Zozime* 31 mars 1696. N° 13. p. 156.

192. — Même gazette. — *Mort de l'abbé de Rancé.* 13 novembre 1700. N° 46. p. 572.

193. — Même gazette. — *Les abbés et supérieurs de la Trappe à l'audience du Saint-Père.* Numéro du 29 octobre 1892.

> Voir : *La vraie France* (Lille), numéro du 29 octobre 1892, le général des Trappistes au Vatican.

194. — **Genlis** (Madame de). — *Mémoires inédits de Madame la comtesse de Genlis sur le dix-huitième siècle et la révolution françoise depuis 1756 jusqu'à nos jours.* A Paris, chez Ladvocat, 1825. in-8°.

> Voyage de Madame de Genlis à la Trappe avec Mademoiselle [Madame Adélaïde d'Orléans]. Juin 1788. Tome III. p. 216-239.

195. — **Gerson** (Jean). — *Joannis Gersonii doctoris theologi et cancellarii Parisiensis opera omnia, novo ordine digesta et in V tomos distributa, ad manuscriptos codices quamplurimos collata et innumeris in locis emendata; quædam etiam nunc primum edita.....* Antverpiæ, sumptibus societatis, 1706. 6 vol. in-fol.

> De studio monachorum. Tome II, p. 693.

196. — [**Gervaise** (dom Armand-François).] — *La vie de saint Cyprien, docteur de l'église, évêque de Carthage et martyr, dans laquelle on trouvera l'abrégé des ouvrages de ce père, des notes critiques et historiques et des dissertations théologiques sur les différentes contestations de son temps.* Paris, 1717. in-4°.

> Compte-rendu : J^al des scavans. Mars 1717. p. 145 et 167.
> Exemplaire : Bibliothèque de Versailles, I F 26. B. P.

197. — [Le même.] — *La vie de Pierre Abeillard et celle d'Héloïse, son épouse.* Paris, Musier, 1720. 2 vol. in-12.

> Exemplaire: Bibliothèque de Versailles. I 214 n. F. A.
> Bibliotheca Fayana, Paris, 1725. 5 l. 11 s. — Cat. abbé de Rothelin. 2 l. 15 s. — Cat. Secousse, Paris, 1755. 3 l. 1 s.

198. — [Le même.] — *La vie de Pierre Abeillard, abbé de S. Gildas de Ruis, ordre de S. Benoist, et celle d'Héloïse, son épouse, première abbesse du Paraclet.* A Paris, chez François Barois, 1728. 2 vol. in-12.

Compte-rendu : *Journal des scavans*, mai 1720. p. 289 et 306.

199. — [Le même.] — *Histoire de Suger, abbé de S. Denis, ministre d'Etat et régent du royaume sous le règne de Louis le Jeune.* A Paris, chez François Barois, 1721. 3 vol. in-12.

Comptes-rendus : *Supplément de la méthode historique de l'abbé Lenglet*, in-4o, p. 160. — *Journal des scavans*, nov. et déc. 1721, p. 529 et 561. — *Mémoires de Trévoux*, janvier et février 1722. — *Journal de Leipsick*, 1722, p. 286.

Cat. Bellanger, Paris, 1740. 7 l. 1 s. — Cat. duc d'Aumont, Paris, 1782. 4 l. 10 s. — Cat. Baillieu, 1892. 4 fr. v.

200. — [Le même.] — *Histoire de Suger, abbé de S. Denis, ministre d'Etat et régent du royaume sous le règne de Louis le Jeune.* A Paris, chez Jean Musier, 1721. 3 vol. in-12.

Exemplaire : Bibliothèque Mazarine (35799). Aux armes de Madame du Barry avec sa devise « *Boutez en avant* », mar. r. ant.

Cat. Aug. Fontaine, nov. 1893, mar. vert, dos orn. fil. tr. d'or (rel. anc.). Aux armes de Louis-Charles Machault d'Arnouville, lieutenant de police. 90 fr..

201. — [Le même.] — *Histoire de Suger, abbé de S. Denis, ministre d'Etat et régent du royaume sous le règne de Louis le Jeune.* A la Haye, chez Jean Neaulme, 1730. 3 vol. in-12.

202. — [Le même.] — *Les véritables lettres d'Abeillard et d'Héloïse, tirées d'un ancien manuscrit latin trouvé dans la Bibliothèque de François d'Amboise, conseiller d'Etat. Traduites par l'auteur de leur vie. Avec des notes historiques et critiques très curieuses.* A Paris, chez Jean Musier, 1723. 2 vol. in-12.

V. *Réflexions sur les ouvrages de littérature*, Paris, 1740. tome IV, p. 131.

Cat. comte de Lignerolles, 1894, mar. vert, fil., dos ornés, gardes de pap. doré, tr. d'or (rel. anc.). 16 fr.

203. — [Le même]. — *La vie de S. Irénée, second évêque de Lyon, docteur de l'Église et martyr.* Paris, chez Gabriel Amaulri, 1723. 2 vol. in-12.

Compte-rendu : *Journal des scavans*, février 1724. p. 84.

204. — [Le même.] — *Défense de la nouvelle histoire de l'abbé Suger avec l'apologie pour feu M. l'abbé de la Trappe, D. Armand-Jean Bouthillier de Rancé, contre les calomnies*

et les invectives de D. Vinçent Thuillier, Religieux de la congrégation de Saint-Maur, répandues dans son Histoire des Contestations sur les Etudes Monastiques, insérées dans son premier tome des Œuvres posthumes de D. Mabillon. Paris, J.-B. Claude Bauche, 1724 et 1725. in-12.

    Comptes-rendus : *Bibliothèque françoise de Camusat* (Amsterdam, du Sauzet). Tome V, p. 139. — *Journal de scavans.* Janvier 1725. p. 63, et mars 1725. p. 149. — *Mémoires pour l'histoire des sciences et des beaux-arts, à Trévoux.* Mai 1725, p. 773-807, et juin 1725. p. 1068-1101.

    Exemplaire : Bibliothèque Nationale, Ln^{27} 19225, aux armes royales de France, mar. r.

205. — [Le même.] — *Lettres d'un théologien à un ecclésiastique de ses amis sur une dissertation touchant la validité des ordinations des Anglois.* Paris, chez Gabriel Amaulri, 1724. in-12.

    « *Ces deux lettres sont contre la dissertation du P. Le Courayer; elles ont été supprimées et le privilège en a été retiré.* » (Dict. de Moréri.)

    « *Les lettres d'un théologien à un ecclésiastique... ont été supprimées par des ordres supérieurs. Toutes les personnes sages ont condamné les expressions injurieuses dont l'auteur a rempli ses deux lettres.* » (Journal des scavans, janvier 1725. p. 64.)

    Compte-rendu : *Journal des scavans*, décembre 1724. p. 792. — *Bibliothèque hist. et crit. des auteurs de la congrég. de S. Maur par de Filepe Le Cerf.* La Haye, 1726. in-12. p. 476.

206. — [Le même.] — *La vie de Rufin, prêtre de l'église d'Aquilée.* Paris, chez François Barois, 1724, 2 vol. in-12.

    Compte-rendu : *Journal des scavans.* Janvier 1725. p. 25.
    Exemplaire : Bibliothèque de Versailles. 1 F 24 et 25. B. P.

207. — [Le même.] — *La vie de S. Paul, apôtre des gentils et docteur de l'Église, éclaircie par l'écriture sainte, par l'histoire romaine et par celle des Juifs, avec des réflexions tirées des Saints Pères.* Paris, chez Charles-J.-Baptiste de Lespine le fils, 1735. 3 vol. in-12.

    Epître dédicatoire à S. A. S. Madame de Bourbon, abbesse de S. Antoine de Paris.
    Compte-rendu : *Journal des scavans.* Octobre 1736. p. 592.

208. — [Le même.] — *La vie de saint Epiphane avec l'analyse des ouvrages de ce saint, son apologie contre les protestans et des notes critiques et historiques.* Paris, 1738. in-4°.

209. — [Le même.] — *Jugement critique mais équitable des vies de feu M. l'abbé de Rancé, réformateur de l'abbaye de la*

Trappe, écrites par les sieurs Marsollier et Maupeou, divisé en deux parties où l'on voit toutes les fautes qu'ils ont commises contre la vérité de l'histoire, contre le bon sens, contre la vraisemblance, contre l'honneur même de M. de Rancé et de la maison de la Trappe. Londres (Reims) aux dépens de la compagnie, 1742. in-12.

> « *Cet écrit a paru en 1743, quoique le titre porte 1742.* » (Dict. de Moréri, art. Rancé.)

> « *Dom Gervaise s'est justifié dans une longue apologie dont on a depuis longtemps des copies et qui dans celle que nous avons vue est intitulée :* « L'Innocence opprimée par la calomnie ou la justification du R. P. dom Armand-François Gervaise dans son gouvernement de la Trappe et des Clairets, pour servir de réponse au libelle diffamatoire que le sieur Maupeou, curé de Nonancourt, a publié contre lui dans son histoire de la vie de feu M. de Rancé ». *Une partie considérable de cet écrit a été insérée depuis dans un ouvrage de dom Gervaise, imp. en 1744 à Londres (Troyes), in-12, sous ce titre :* « Jugement critique mais équitable..... » (Dict. de Moréri, art. Gervaise.)

> Exemplaire : Bibliothèque Nationale, Ln²⁷ 16963. — Bibliothèque de l'Arsenal, H. 14488 ᵗᵉʳ.

> Cat. Secousse, Paris, 1755. 2 l. 1 s.

210. — [Le même.] — *La vie de saint Paulin, évêque de Nole, avec l'analyse de ses ouvrages et trois dissertations sur quelques points importants ds son histoire.* Paris, chez Giffard, 1743. in-4°.

> Comptes-rendus : *Journal des scavans*, décembre 1743, p. 731.
> — *Journal historique sur les matières du tems.* Novembre. 1743. p. 349 et novembre 1744. p. 325.
> Exemplaire : Bibliothèque de Versailles I F 36. B. P.

211. — [Le même.] — *Histoire de l'abbé Joachim surnommé le Prophète, religieux de l'ordre de Citeaux, fondateur de la Congrégation de Flore en Italie, avec l'analyse de ses ouvrages où l'on voit l'accomplissement de ses prophéties sur les papes, sur les empereurs, sur les rois, sur les états et sur tous les ordres religieux.* Paris, Giffart, 1745. 2 vol. in-12.

212. — [Le même.] — *Histoire générale de la Réforme de l'ordre de Citeaux en France. Tome I qui contient tout ce qui s'est passé depuis son origine jusqu'en 1726.* Avignon, 1746. in-4°.

> « *On n'a que le premier volume de cet ouvrage, l'auteur ayant été arrêté à la sollicitation de l'abbé de Citeaux et conduit à l'abbaye de Reclus, dioc. de Troyes.* » (dict. des anon. de Barbier).

> Exemplaires : Bibliothèque de l'Arsenal H. 13367 et H. 13368.

Bibliothèque de Versailles. Sur le titre on lit « ex libris S. Martini Pontisarensis, 1746. »

213. — [Le même.] — *L'honneur de l'Église catholique et des souverains pontifes défendu contre les calomnies, les impostures et les blasphèmes du père Courayer répandus dans sa traduction de l'histoire du Concile de Trente par Fra Paolo et particulièrement dans les notes qu'il a ajoutées.* Nancy, chez François Midon, 1749. 2 vol. in-12.

> Comptes-rendus : *Journal des scavans*, octobre 1749, p. 697.
> — *Journal historique sur les matières du tems.* Novembre 1749.
> p. 324.

214. — [Le même.] — *La vie du vénérable père Simon Gourdan, chanoine régulier de saint Augustin en l'abbaye de St-Victor-de-Paris.* S. l., 1754. in-12.

> Voyage du P. Gourdan à la Trappe en sept. 1673 et le désir qu'il avait de s'y retirer. p. 22 et 29.
> Requête du P. Gourdan à l'abbé et aux religieux de la Trappe pour être associé à toutes les bonnes œuvres qui se pratiquoient dans cette sainte maison, lettres patentes du 25 mars 1682. p. 57.
> Lettre de l'abbé de la Trappe au père Gourdan qui lui demandait conseil au sujet d'abus qui s'étaient introduits au monastère de S. Victor. p. 60.
> Affaire d'un religieux de S. Victor qui s'était retiré à la Trappe sans la permission de son supérieur. p. 72.
> Lettre à ce sujet de l'abbé de la Trappe au P. Gourdan. p. 76.
> Dispute de Mabillon et de l'abbé de Rancé. p. 96.
> Lettre à ce sujet du P. Gourdan à l'abbé de Rancé. p. 98.
> Part que prend l'abbé de Rancé à la dispute entre Fénelon et Bossuet sur l'oraison mentale et sur l'amour de Dieu. p. 114.
> Désorganisation de la Trappe. Part que prend le P. Gourdan à son rétablissement. p. 120.
> Le frère Théonas (Etienne Lion) à la Trappe. p. 122.
> Dom Armand François Gervaise naquit à Paris en 1660 et mourut en 1751. Fils de Nicolas Gervaise, médecin de M. Fouquet surintendant des finances, il fit ses études au collège des Jésuites. Il entrait à 15 ans aux Carmes déchaussés et devint prieur à Grégy, près de Meaux. En 1695, il prit l'habit de la Trappe, et fut nommé prieur, puis abbé le 21 octobre 1696 et démissionn. le 24 août 1698. Il se retira, en juin 1699, à l'abbaye de Long pont.
> V. *Desessarts. Les siècles littéraires de la France.* P. 1801. III. 244. — *Encyclopédie du* xixᵉ *siècle...* P. 1872. XI, 553. — F. *Didot. Nouvelle biographie générale...* XX, col. 33. — *Michaud. Biographie universelle...* XVI, 359. — *Moréri. Le grand dictionnaire.* P. 1759. V, 177. etc. etc.
> Plusieurs bibliographes (Quérard, Barbier) ont attribué à dom Gervaise l' « *Histoire de Boëce* »; mais cet ouvrage est certaine

ment de Nicolas Gervaise, prévôt de S. Martin de Tours ainsi que le pensent M. Ulysse Chevalier, la Patrologie latine de Migne, Michaud, etc. '

215. — **Gockingk** (L. F. G. de). — *Leben des dom Armand Johannes Le Bouthillier de Rancé, abts, u. reformators des Klosters la Trappe. Ein Beytrag zur Erfahrungs-Seelen Kunde.* [Vie de dom Armand Jean Le Bouthillier de Rancé, document pour servir à la psychologie expérimentale — par L. F. G. de Gockingk.] Berlin, F. Maurer, 1820. 2 parties en 1 vol. in-8°.

> Exemplaire : Bibliothèque Nationale. Ln²⁷ 16965.

216. — **Gonod** (B). — *Lettres de Armand Jean Le Bouthillier de Rancé, abbé et réformateur de la Trappe, recueillies et publiées par B. Gonod.* Paris, Amyot, 1846. in-8°.

> Ces lettres sont adressées à M. Favier, à M. de Bellérophon, à la comtesse d'Albon, à l'abbé Nicaise, à la duchesse de Guise, à Arnaud d'Andilly, à l'évêque d'Aleth, à l'abbé de l'Etoile, à M. de Brancas, au maréchal de Bellefonds, à Mgr de Pomponne, à dom Mabillon, à Monsieur de Meaux, à l'archevêque de Paris, au roi d'Angleterre, etc. etc.
>
> Comptes-rendus : *Ami de la religion*, tome CXXVIII. 2 mars 1846. p. 521. — *Correspondant.* par P. Lorain 10 février 1846.

217. — [**Gouget** (abbé).] — *Continuation des essais de morale. Tome quatorzième, première partie, contenant la vie de M. Nicole et l'histoire de ses ouvrages.* A Luxembourg, chez André Chevalier, 1732. in-12.

> Contestations sur les études monastiques entre l'abbé de Rancé et dom Mabillon. chap. XX. p. 231-238.

218. — [Le même.] — *La vie de messire Félix Vialard de Herse, évêque et comte de Châlons en Champagne, pair de France.* A Cologne, aux dépens de la Compagnie, 1738. in-12.

> Conversion de M. de Rancé. p. 111-117.

219. — **Grandmaison y Bruno** (de). — *Histoire de la Trappe ou précis exact des règles, des usages, des austérités, de la vie et de la mort des religieux de cet ordre célèbre, par M. de Grandmaison y Bruno.* Poitiers, chez Fradet, 1839. in-8°

220. — Le même. — *Même ouvrage, même titre. 3° édition.* Paris, J. Lecoffre, 1852. in-12.

221. — **Grandpré** (Gustave). — *L'abbaye de la Trappe par Gustave Grandpré, traducteur des humoristes.* Paris, Corbet, 1828. in-18.

> Le titre intérieur porte la date de 1827.

L'avant-propos est intitulé : « *Du rétablissement des commu-*
nautés religieuses. » Cette préface a été imprimée à part sous
forme de brochure in-8o d'une trentaine de pages.

Exemplaire : Bibliothèque Nationale : Lk7 3589.

222. — **Gros de Boje.** — *Eloge historique de dom Mabillon, leu*
dans l'assemblée publique de l'Académie royale des inscrip-
tions et médailles, le mardy 17 avril 1708. Paris, chez Pierre
Cot, 1708. in-4o.

Dispute de Mabillon et de Rancé au sujet des études monastiques, p. 10 et 11.

223. — [**Guerbes** (abbé).] — *Vie de dom Augustin de Lestrange,*
abbé de la Trappe, par un religieux de son ordre. A Paris à
la librairie ecclésiastique de Rusand, à Lyon, chez Rusand.
1829. in-12.

Exemplaire : Bibliothèque Nationale. Ln27 12478.

224. — [Le même.] — *Vie du vénérable abbé dom Augustin de*
Lestrange, supérieur général des Trappistes, par un religieux
de son ordre, deuxième édition augmentée d'une conférence
sur la réforme de la Trappe. Aix, chez Pontier, 1834. in-12.

225. — **Guérin** (Mgr Paul). — *Les petits bollandistes, vies de saints*
de l'ancien et du nouveau Testament, des martyrs, des pères,
des auteurs sacrés et ecclésiastiques, des vénérables et autres
personnes mortes en odeur de sainteté, notices sur les congré-
gations et les ordres religieux, histoire des reliques, des
pélerinages, des dévotions populaires, des monuments dus à
la piété depuis le commencement du monde jusqu'aujourd'hui
d'après le Père Giry..... par Mgr Paul Guérin, camérier de
Sa Sainteté Pie IX. Bar-le-Duc, typ. des Célestins, 1874.
17 vol. gd in-8o.

Le R. P. dom Armand J. Le Bouthillier de Rancé, tome XV,
p. 673.
Bibliographie de ses œuvres et notice sur la Trappe.

226. — **Guyot-Neuville.** — *Nouveauté, vie, costume, nourriture,*
breuvage, travail, prières et silence des religieux trappistes en
France, par Guyot-Neuville. Paris, chez l'auteur, 1841. in-18.

227. — **Haye** (abbé). — *Martyrologe de l'église de Chartres précédé*
d'une étude sur les limites du diocèse par M. l'abbé Haye,
curé de Saint-Avit. Chartres, imp. et lith. de J. L'Anglois,
s. d. [1890]. in-8o.

B. Adam, abbé de la Trappe, p. 82.
Arm. Le Bouthillier de Rancé, p. 94.
Esnault (J. Bapt. Jos.) religieux de la Trappe, p. 116.

228. — [Helyot (le P.).] — *Histoire des ordres monastiques, religieux et militaires et des congrégations séculières de l'un et de
l'autre sexe qui ont été établies jusqu'à présent, contenant
leur origine, leur fondation..... la décadence des uns et leur
suppression, l'agrandissement des autres..... les vies de
leurs fondateurs et de leurs réformateurs avec les figures qui
représentent tous les différens habillemens de ces ordres et
de ces congrégations.* A Paris, chez J.-Bapt. Coignard, 1714-
1719. 8 vol. in-4º.

> Des religieux Bernardins réformés de la Trape avec la vie de
> dom Arm. Jean Le Bouthillier de Rancé, leur réformateur,
> tome VI p. 1-15 (gravure représentant « *un religieux de la Trape
> sans coule comme ils sont au travail* »).

229. — [Inguimbert (dom Joseph Dominique Malachie d').] —
*Genuinus character Reverendi admodum in Christo Patris
D. Armandi Johannis Buttilierii Rancæi abbatis monasterii
B. Mariæ Domus Dei de Trappa ; ibique primigenii spiritus
Ordinis Cisterciensis Restitutoris et pristinorum usuum cul-
toris indefessi; expressus ex variis, quæ animum ipsius
primum mundo, tum Deo servientis optime ostendunt.* Romæ,
1718, apud Io. Mariam Salvioni Typographum Vaticanum,
in archigymnasio Sapientiæ. in-4º.

> Le dernier chapitre (XVII) est la réimpression in extenso de
> l' « *Imago R. P. domni A. J. Le Bouthillier de Rancé* » [par
> L. d'Aquin] 1701 et 1708. V. nos 12, 13 et 15.
>
> Cat. abbé de Rothelin, Paris 1746 7 l. 19 s. — Cat. Secousse
> Paris 1755. 3 l. — Cat. Romagnoli, Bologne, 1893 2 fr.

230. — [Le même.] — *Relazione della vita di F. Columbano.* 1724.
in-8º.

231. — Le même. — *Vita di Arm. Giov. Le Bouthillier di Ranse,
abate regolare e riformatore del monastero della Trappa,
della stretta osservanza cisterciense, correta, ampliata e
ridotta in miglior forma da F. Malachia d'Inguimbert,
monaco della badia di Buonsollazzo dezza stessa osservanza.*
In Roma, nella stamperia del Bernabo, 1725.

> Exemplaire, Bibliothèque de l'Arsenal, H. 13400 v. fil. à fr.
> dos orné.
>
> Joseph, dominique d'Inguimbert, naquit à Carpentras le 24 août
> 1683, entra chez les dominicains, puis se retira à l'abbaye de
> Buon Solazzo (Toscane). — Archevêque de Theodosie en 1731,
> évêque de Carpentras en 1735, il mourut le 6 sept. 1757.
>
> V. *Eloge en forme de notice historique de Malachie d'Inguim-
> bert.* Carpentras, an 13 (1805) in-8º. — *Noticé hist. sur la vie*

de Malachie d'Inguimbert. Carpentras, 1812. in-4°. — *Deux satires contre monseigneur Malachie d'Inguimbert, publiées par M. Paul Cottin dans la revue rétrospective, 1893. etc. etc.*

232. — Innocent (frère) [dom Le Masson, prieur de la Grande-Chartreuse]. — *Explication de quelques endroits des anciens statuts de l'ordre des Chartreux avec des éclaircissements donnés sur le sujet d'un libellé qui a été composé contre l'ordre* [par l'abbé de Rancé] *et qui s'est divulgué secrètement.* A la Correrie (bâtiment dépendant de la Grande Chartreuse) par André Galle [1683]. in-4° de 166 p.

> « *Dédié au vénérable père en Dieu dom* [Etienne Pingeot] *prieur de la Chartreuse de* [Noyon]. » Signé : « *F. Innocent, prieur de Chartreuse* ».
>
> Comptes-rendus : *Bibliothèque critique ou recüeil de diverses pièces critiques dont la plupart ne sont point imprimées ou ne se trouvent que très difficilement, publiées par M. de Sainjore* [Richard Simon] qui y a ajouté quelques notes. A Amsterdam, chez Jean Louis de Lormes. 1708. 4. in-12, chap. XXXII. I. p. 478-496. — *Bibliographie instructive ou traité de la connaissance des livres rares et singuliers par G. F. de Bure.* Paris, 1764. n° 995. Jurisprudence, p. 57.
>
> Cet ouvrage répondait à une attaque de l'abbé de Rancé sous forme de lettre et intitulée : « *Lettre à un évêque pour répondre aux difficultés de dom Innocent Le Masson, général des Chartreux, au sujet des allégations faites de leurs anciens statuts dans le livre de la Sainteté et des devoirs de la vie monastique.* » (Nouvelles de la république des lettres par I. Bernard, mai 1710 p. 628).
>
> Les constitutions de l'ordre des Chartreux furent publiées pour la première fois en 1510 : « *Domni Guigonis statuta et privilegia ordinis Curtusiensis.* Basileæ. 1510. » in-fol.
>
> La réplique de dom Le Masson fut supprimée de sorte qu'elle est fort rare. La Bibliothéque Nationale possède un exemplaire, Ld18 9 qui n'a que 122 p. — M. Quérard dit que les exemplaires complets doivent avoir 166 p. et que l'on doit trouver à la fin une pièce intitulée : « *Aux vénérables pères visiteurs de la province de N.* ».
>
> Cat. abbé de Rothelin. Paris, 1746. 78 l. — Cat. Gaignat, Paris, 1769, mar. r. 80 l.

233. — Inventaire *sommaire des archives départementales antérieures à 1790, rédigé par M. Louis Duval, archiviste. Orne. Archives ecclésiastiques. Série H (n°s 1-1920). Abbayes d'hommes. Tome premier.* Alençon, E. Renaut de Broise, 1891. in-4°.

> La Trappe (abbaye de N.-D. de). p. XIV-XX et 352-370 (n°s H. 1826. — H. 1900).

234. — **Inventaire** *sommaire des archives du département des affaires étrangères. Mémoires et documents. France.* Paris, Imp. Nationale. 1883. in-8°.

> Trappe (abbaye de la). n° 1440.
> Trappe (A.-J. Le B. de Rancé abbé de la). n°s 431, 432, 1028, 1044, 1441-1444.
> Trappe (dom Isidore, abbé de la). n° 78.

235. — **Jacobus Capreolus** *de syllogismo. Lutetiæ apud Hervetum du Mesnil.* 1633. in-4°. Mar. rouge, filets, compartiments à la Du Seuil, dos orné, tr. dor.

> « *Exemplaire du cardinal de Richelieu portant au-dessus de ses armes frappées sur les plats, les mots : « de la Trappe. » Il fut donc très probablement offert par Richelieu à son grand ami* [et filleul] *l'abbé de Rancé qui devint abbé de la Trappe.*
> « *Très belle et très fraîche reliure d'Antoine Ruette qui avait le privilège de relier pour le grand cardinal ainsi que pour le roi Louis XIII.* »
> (Note extraite du catalogue à prix marqués de Greppe. 1893 nov.) vendu 450 fr.

236. — **Jadart** (Henri). — *Dom Jean Mabillon (1632-1707). Etude suivie de documents inédits sur sa vie, ses œuvres, sa mémoire.* Reims, 1879. in-8°.

> Extrait du tome LXIV des *travaux de l'académie de Reims,* année 1877-78.
> M. de Rancé et les études monastiques. p. 49-53.
> Les Etudes monastiques. p. 103.

237. — **Jal** (A.). — *Dictionnaire critique de biographie et d'histoire, erratu et supplément pour tous les dictionnaires historiques d'après des documents authentiques inédits, par A. Ial. deuxième édition.* Paris, H. Plon, 1872. gr. in-8°.

> Rancé (Arm. Boutheillier de). Son acte de baptême, du 3 mars 1627. p. 1041.

238. — **Jaloustre** (Elie). — *Un précepteur auvergnat de l'abbé de Rancé par Elie Jaloustre.* Clermont-Ferrand, typ. et lith. G. Mont-Louis, 1887. in-8°.

> Ce précepteur était M. Favier dont M. Gonod a publié la correspondance avec l'abbé de Rancé.

239. — **Jerningham** (Edward). *The funeral of Arabert, monk of La Trappe ; a poem.* London, 1771. in-4°.

240. — **Jerothée de Mortagne** (le P.). — *Oraison funèbre de très haute, très puissante, très religieuse et très excellente princesse Elisabeth d'Orléans, duchesse de Guise, d'Alençon et*

d'Angoulesme, prononcée dans l'église de l'hôpital d'Alençon le onzième may 1696, par le P. Jérothée de Mortagne, capucin, lecteur en théologie. A Alençon, chez la veuve de Martin de la Motte, 1696. in-12.

Retraites de la duchesse de Guise à la Trappe. p. 38.

241. — **Journal des débats.** *Visite du Roi et de la Reine à la Trappe, 4 et 5 octobre 1847. Discours du R. P. abbé et réponse du Roi, 13 octobre 1847.*

Les personnes qui accompagnaient Leurs Majestés dans cette visite étaient : la duchesse de Nemours, le duc de Montpensier, le prince de Wurtemberg, les généraux Atthalin, Friant, Grouchy et d'Y. de Résigny, le colonel duc d'Estissac, M. de Boërio, le préfet de l'Orne, le sous-préfet de Dreux et MM. Courtois d'Hurbal, Fréreck, du Puy de Pauligne et Perrot de Chazelle, officiers d'ordonnance.

242. — **Juglet de Lormaye.** — *Visite à la Trappe.* 28 août 1836.
Bulletin de l'académie Ebroïcienne 1836, part. II. p. 253-260.
Louviers. Ch. Acaintre. in-8º.

243. — **Klefeker (Io).** — *Io-Klefekeri bibliotheca eruditorum præcocium sive ad scripta hujus argumenti spicilégium et accessiones.* Hamburgi, apud chistianum Liebezeît, 1717. in-12.
Ranceus (Armandus, Joannes, Bouthillerius). p. 307.

244. — **La Bruyère.** — *Les caractères de La Bruyère.* Paris, 1865. 2 vol. in-8º.

« *Une personne humble qui est ensevelie dans le cabinet, qui a médité, cherché, consulté, confronté, lu ou écrit pendant toute sa vie, est un homme docte.* » (Du mérite personnel. II. p. 161). Quelques personnes ont voulu voir dans ce portrait l'abbé de Rancé, d'autres Mabillon.

Un autre passage (de l'homme. II. p. 46) représente mieux le saint abbé : « *... l'on en sait d'autres qui ont commencé leur vie par les plaisirs...* ».

245. — **Lacas.** — *Courte notice sur la Trappe, spécialement sur ce qui concerne les religieuses de cet ordre, par M. Lacas, prêtre.* Avignon, L. Aubanel, 1845. in-12.

246. — **La Chenaye-Desbois.** — *Dictionnaire de la noblese..... par de la Chenaye-Desbois et Badier. Troisième édition.* A Paris, chez Schlesinger, frères, 1863-1876. 19 vol. in-4º.
Art. Bouthillier-Chavigny, troisième branche, tome III, col. 893.
Art. Nain (Le), tome XIV, col. 795.

247. — [Lacombe de Prézel.] — *Dictionnaire des portraits histo-riques, anecdotes et traits remarquables des hommes illustres.* A Paris, chez Lacombe, 1768. 3 vol. in-12.

> Rancé (dom Armand-Jean Le Bouthillier de). Tome III, p. 298-304.

248. — [La Fresnàye.] — *Le solitaire de la Trappe à ses voisins.* S. l. n. d. in-16 de 10 p.

> Sorte de petit panégyrique en l'honneur de Louis XVI.
> En tête on lit : « *Par La Fresnaye, ancien juge de paix à Soligny-la-Trappe. Renseignement dû à M. de la Sicotière.* »
> Exemplaire : Bibliothèque Nationale : Lb⁴ 12690.

249. — [La Harpe (J.-F.).] — *Réponse d'un solitaire de la Trappe à la lettre de l'abbé de Rancé,* [par N.-R. Barthe]. 1767. in-8º.

> Ecrite à Genève sous les yeux de M. de Voltaire.
> Compte - rendu : Mémoires de Bachaumont. III, 171. 11 avril 1767.
>
> « *Voltaire parle de cette pièce dans sa lettre au roi de Prusse du 5 avril 1767. Ce fut la même année que Voltaire composa la préface : « Apocalypse, article du dictionnaire philosophique, préface de M. F. Abauzit (Voltaire). 1767 », sans doute pour une édition qu'il fit faire de la réponse par la Harpe. Voltaire fit imprimer la réponse avec sa préface en 1769 dans le tome II des choses utiles et agréables, p. 161.* » (Qué-rard. I, 153.)

250. — **La Martinière.** — *Le grand dictionnaire géographique, historique et critique, par M. Bruzen de La Martinière, géographe de Sa Majesté catholique Philippe V, roy des Espagnes et des Indes.* A Paris, chez Le Mercier et Boudet, 1741. 6 vol. in-fol.

> Trappe (la). VI, p. 248-250.

251. — **Lambert** (abbé). — *Histoire littéraire du règne de Louis XIV, dédiée au roy par M. l'abbé Lambert.* A Paris, chez Prault fils, 1751. 3 vol. in-4º.

> Jean le Bouthilier de Rancé. Tome I, p. 100-107.

252. — **Lambert** (abbé). — *L'idée d'un vray religieux dans le recüeil des lettres de dom Paulin de Lisle, bénédictin de la congré-gation de S. Vanne et depuis religieux, président et père maître des novices de l'abbaïe de Notre-Dame de la Trape, avec un petit abrégé de sa vie et de celle de François de Lisle, son frère, chanoine de Notre-Dame de Chaalons, en Champagne.* A Chaalons, chez Claude Bouchard, 1723. in-16 de 212 p., plus 26 p. préliminaires.

Cet ouvrage est dédié à S. E. Mgr le card. de Noailles, arche-vêque de Paris. L'épitre est signée : « *Lambert, ancien curé de Notre-Dame de Chaalons et prieur commendataire de Possesse* ». On y rencontre plusieurs lettres de l'abbé de Rancé à dom Paulin de Lisle, p. 60, 64, 68, 76, 80. L'abrégé de la vie de dom Paulin est à la page 167.

Nous avons eu beaucoup de peine à rencontrer ce petit volume qui ne se trouve ni à la Bibliothèque Nationale, ni à Sainte-Geneviève, ni à la Mazarine, ni à l'Arsenal. Il existe un exem-plaire à la Bibliothèque de Versailles, O. 75. 3. qui porte sur le titre la mention suivante : « *Ex libris S. Martini Pontissarensis.* 1744. »

253. — **Lancelot.** — *Mémoires touchant la vie de Monsieur de S. Cyran, par M. Lancelot, pour servir d'éclaircissement à l'histoire de Port-Royal.* A Cologne, 1788. 2 vol. in-12.

M. Hardy à la Trappe sous le nom de dom Paul. II, p. 440, note, et 441, note.

254. — **[La Roque (Daniel de).]** — *Les véritables motifs de la conversion de l'abbé de la Trappe avec quelques réflexions sur sa vie et sur ses écrits, ou les entretiens de Timocrate et de Philandre sur un livre qui a pour titre : les s. devoirs de la Vie Monastique.* Cologne, chez Pierre Marteau, 1685. in-16 de 230 p. et 8 préliminaires.

A la suite se trouve une « *lettre à M. de S... sur les deux dialogues contre l'abbé de la Trappe* ». p. 201.

Compte-rendu et critique : *Bayle. République des lettres.* Juin 1685. p. 665. — *Gaillardin. Histoire de la Trappe.* 1844. I, 230. — *De la Sicotière. Conversion de Rancé dans le Bull. de la soc. hist. et arch. de l'Orne.* 1885. p. 205.

« *Chardon de la Rochette a trouvé sur un exemplaire de ce livre, qui avait appartenu au président Bouhier, la note suivante :*

« *Ce livre est ordinairement attribué au sieur D. de la Roque, alors protestant, fils du célèbre ministre Mathieu de la Roque. Cependant dans la réfutation qui en parut la même année sous ce titre : la conduite et les sentimens de M. l'abbé de la Trappe, etc., et que j'ai vu attribuer à M. Thiers, il est dit, p. 159, que l'auteur de ces « entretiens » est un solitaire sur la table duquel on les a vus manuscrits avant l'impression, et, p. 307, il est ajouté que ce solitaire est un moine blanc qui avait poursuivi avec une chaleur scandaleuse un bénéfice; ce qui l'avait fait appeler l'abbé B.... Le P. Bouhours fut accusé d'être l'auteur de ce livre, sur quoi il écrivit à un de ses amis : « On ne peut imputer un tel ouvrage qu'à un homme dont la conscience est sans honneur. » (J^{al} de Trévoux, 1733. p. 786.)*

« *Ce moine blanc qui poursuit un bénéfice est probablement le P. Boissard, sacristain des Chartreux de Paris. V. les mélanges de critique et de philologie, par Chardon de la Rochette.* Paris, 1812. t. III, p. 281. A. A-B. r. (Quérard).

Exemplaires : Bibliothèque Nationale, Ln27 16952. — Bibliothèque de l'Arsenal, T. 5238 bis. — L'exemplaire de ma collection est aux armes de Prondre de Guermante.

Cat. Boissier. Paris, 1725. 4 l. — Cat. bibl. Fayana. Paris, 1725. 9 l. 2 s. — Cat. Bellanger. Paris, 1740. 2 l. — Cat. abbé Rothelin. Paris, 1746. 8 l. — Cat. Secousse. Paris, 1755. 4 l. 16 s. — Cat. Gaignat. Paris, 1769. 12 l. 12 s. — Cat. Méon. Paris, 1803. 4 l. 11 s. — Cat. Aug. Fontaine. Paris, 1874. 70 fr. mar. r., fil., tr. dor. (derôme), exemplaire de Méon et de Ste-Beuve portant la signature de ce dernier. Sur les marges se trouvent plusieurs notes d'une écriture du temps, dont une, la dernière, est ainsi conçue : « *Ce petit livre... est de M. de Larroque, le fils... et je tiens de l'illustre M. Baluze, contemporain de l'abbé de la Trappe et qui sçait parfaitement toute son histoire, que les faits rapportez dans ces entretiens sont très certains et tres fidelement racontez...* » — Cat. Techener. Paris, 1891. mar. vert, fil., tr. dor. (Derôme). 12 fr.

255. — **Larousse** (Pierre). — *Grand dictionnaire universel du XIXe siècle..., par Pierre Larousse.* Paris, administration du grand dictionnaire universel, 1867-1878. 16 vol. in-4°.

Art. Debreyne (P.-J.-C). VI, 198.
Gervaise (dom F.-A.). VIII, 1231.
Inguimbert (le P. d'). IX, 696.
Lenain (le P.). X, 398.
L'Estrange (abbé de), X, 412.
Rancé (abbé de). XIII, 681.
Trappe (la). XV, 433.

256. — [**Larrière** (Noël de).] — *Vie de messire Antoine Arnauld, docteur de la maison et société de Sorbone.* A Paris et Lausanne, chez Sigismond d'Arnay et Cie, 1782. 2 vol. in-8°.

Jugement qu'il porte sur l'abbé de la Trappe, son œuvre et ses écrits. II, 55-63.

Lettre de l'abbé de la Trappe à l'abbé Nicaise sur la mort de M. Arnauld. II, 375-382.

257. — **La Sicotière** (Léon Duchesne de). — *Visite faite par l'Association normande au monastère de la Trappe, le 17 juillet 1843.*

Annuaire des cinq départements de l'ancienne Normandie, publié par l'Association Normande. Caen, 1843, imp. de H. Le Roy. in-8°. p. 246-254. — Rapport.

258. — Le même. — *Le département de l'Orne archéologique et pittoresque par MM. Léon de La Sicotière et Auguste Poulet-*

Malassis et par une société d'antiquaires et d'archéologues. Laigle, J.-F. Beuzelin, 1845. in-fol.

La Trappe, p. 232-238, accomp. de quatre gravures.

259. — Le même. — *La conversion de Rancé. Discours prononcé à la réunion générale annuelle de la Société historique et archéologique de l'Orne, le 27 octobre 1885.*

Bulletin de la soc. hist. et arch. de l'Orne. 1885. in-8º. p. 197-218; et à part, 24 p. in-8º.

260. — Le même. — *Exposition bibliographique de Sées (2-6 octobre 1889]. Impressions de visite.*

Bulletin de la soc. hist. et arch. de l'Orne. 1890. in-8º. — Quelques pages consacrées à la bibliographie de la Trappe. p. 27.

261. — Le même et J. Besnard. — *Capucin ou trappiste. Lu à la séance de la Société historique de l'Orne, le 9 octobre 1890.*

Bulletin de la soc. hist. et arch. de l'Orne. 1889. in-8º. p. 472-476.

Le Père Chrysologue de Pau, religieux des capucins de Mortagne, désirait prendre l'habit de la Trappe. Le gardien des Capucins de Mortagne s'y opposa. 1697.

262. — [La Vallière (duc de).] — *Les infortunés amours de Cominge, romance.* S. l., 1752, sans pagination, texte encadré, vignette au titre (Et. Fessard, sculp.). 16 ff. in-8º, suivis des Infortunés amours de Gabrielle de Vergi et de Raoul de Coucy, romance.

Cat. Lemallier. Paris, janv. 1894. mar. r., dos orné, fil., doublé de moire bleue, gardes de même, tr. dor. (rel. anc.). 9 fr.

Sujet toujours emprunté au roman de Madame de Tencin.

263. — [Le Brun (le P. Pierre).] — *Lettres qui découvrent l'illusion des philosophes sur la baguette.* Paris, chez Jean Boudot, 1693. in-12.

« *Il y a dans cet ouvrage deux lettres de l'auteur de la recherche de la vérité, une de M. l'abbé de la Trappe avec un jugement de M. l'abbé Pirot sur cette matière.* » Jal des scavans, 1693. p. 304.

264. — Le même. — *Histoire critique de pratiques superstitieuses qui ont séduit les peuples et embarrassé les savants avec la méthode et les principes pour discerner les effets naturels d'avec ceux qui ne le sont pas, par le R. P. Pierre Le Brun.* Paris, chez Poirion, 1701. 3 vol. in-12.

Lettre de Monsieur l'abbé de la Trappe à Monsieur l'abbé de Malebranche. La Trappe, 29 août 1689, sur les effets et propriétés de la baguette magique qui proviennent des démons. Tome III, p. 177.

265. — Lecerf (D. Filipe). — *Bibliotèque historique et critique des auteurs de la congrégation de S. Maur, où l'on fait voir quel a été leur caractère particulier, ce qu'ils ont fait de plus remarquable et où l'on done un catalogue exact de leurs ouvrages et une idée générale de ce qu'ils contiennent, par D. Filipe Le Cerf de la Viéville, religieux bénédictin de la même congrégation.* A La Haye, chez Pierre Gosse, 1726. in-12.

> Art. Mabillon. p. 272.
> Mège (dom). p. 349.

266. — Le Dieu (abbé). — *Mémoires et journal sur la vie et les ouvrages de Bossuet, publiés pour la première fois d'après les manuscrits autographes et accompagnés d'une intro-duction et de notes, par M. l'abbé Guettée.* Paris, Didier et Cⁱᵉ, 1856. 4 vol. in-8º.

> Estime de l'abbé de Rancé pour le catéchisme de Bossuet. I, 113.
> Voyage de Bossuet à la Trappe. I, 197.
> Publication des ouvrages de l'abbé de la Trappe due à Bossuet. II, 43.
> Bossuet lit la vie de Rancé par Maupeou. II, 326, et celle de Marsolier. II, 382-383.
> Lettre de l'abbé de Rancé sur la conduite des jansénistes. II, 384.
> Lettre de Rancé à Tillemont. II, 387-388.
> Projet de lettre de Rancé à Tillemont. II, 449.

267. — [Le Fevre de S.-Marc et de la Chassagne.] — *Vie de Monsieur Pavillon, évêque d'Alet.* A Saint-Miel, 1738. 3 vol. in-12.

> M. Hardy, religieux de la Trappe sous le nom de dom Paul. I, p. 359-363.
> L'évêque d'Alet détourne M. Gourdan, d'entrer à la Trappe. I, 364.

268. — Le Gendre (abbé). — *Mémoires de l'abbé Le Gendre, chanoine de Notre-Dame, secrétaire de M. de Harlay, arche-vêque de Paris, abbé de Clairfontaine, publiés d'après un manuscrit authentique avec des notes historiques, biogra-phiques et autres, par M. Roux.* Paris, Charpentier, 1863. in-8º.

> Parallèle de M. Arnaud et de M. de Rancé, abbé de la Trappe. p. 70.
> Bon office que M. de Harlay rend à son ancien ami, l'abbé de la Trappe. p. 141.

269. — [Le Gras du Villard (abbé Pierre).] — *Discours sur la vie et la mort de M. le cardinal Le Camus, évêque et prince de*

Grenoble.... A Lausanne [Grenoble], chez Marc-Michel Bousquet, 1748. in-12.

> Le card. Le Camus se retire à la Trappe. p. ix et 20.
>
> Extrait d'une lettre du cardinal Le Camus à l'abbé de Rancé. p. xxx et xxxiii.

270. — **Le Lasseur** (le P. F.). — *L'abbé de Rancé et le jansénisme.*

> *Etudes religieuses, philosophiques, historiques et littéraires, par des pères de la Compagnie de Jésus.* 20ᵉ année. T. X. Lyon, Lecoffre, et Paris, Baltenweck, 1876. p. 321-351 (livraison de sept.). 481-517 (livraison d'octobre).

271. — **Lelong** (le P.). — *Bibliothèque historique de la France. par feu Jacques Lelong, prêtre de l'Oratoire, nouvelle édition, revue, corrigée et considérablement augmentée par feu M. Fevret de Fontette, conseiller au Parlement de Dijon, de l'Académie de cette ville et de celle des Insc. et Belles-Lettres.* A Paris, chez Pierre-François Didot jeune..., 1768-1778. 5 vol. in-fol.

> Bibliographie de la Trappe : I, nᵒˢ 1198. 5565. 8882. 10167. 11852. 12433. 12434. 12963. 12992. 12993. 12998. 13001. 13025. 13066. 13072. 13125. 13136. 13137. 13139. 13140. 13141. 13142. 13145. 13149. 13153. 13154. 13156. 13157. 13159. 14162. 13163. 13171. 15055. III., 32762.

272. — **Le Nain de Tillemont** (Sébastien). — *Lettre de Monsieur de Tillemont à feu Monsieur l'abbé de la Trappe, Jean-Armand Boutellier de Rancé, avec la réponse du dit abbé à Monsieur de Tillemont.* S. l., 1704. in-12 de 36 p.

> Ce volume comprend :
>
> *Projet de lettre de feu Monsieur l'abbé de la Trappe à Monsieur de Tillemont, qui n'a pas été envoiée.* p. 19. — Des copies manuscrites de ce projet de lettre existent en plusieurs endroits. V. manuscrits.
>
> *Réponse de Monsieur l'abbé de la Trappe à Monsieur de Tillemont.* p. 29.
>
> *Lettre de Monsieur Ragot, archidiacre d'Alet, exilé à Concarneau, en Basse-Bretagne, à Monsieur l'abbé Feret sur le projet de réponse de feu Monsieur l'abbé de la Trappe à Monsieur de Tillemont.* p. 30.
>
> *Réponse de Monsieur de Roquetaillade à un ami qui lui demandait la vérité de ce qui est dit par un projet de lettre attribué à feu M. l'abbé de la Trappe, touchant feu M. le Prince de Conti et Mᵍʳ d'Alet.* p. 34.
>
> *Témoignage de Madame la princesse de Condé à Madame sa tante, abbesse de Maubuisson, en faveur de Mᵍʳ l'évêque d'Alet (Pavillon) contre la lettre de M. de la Trappe.* p. 35.

Compte-rendu : *Bibliothèque des auteurs ecclésiast. du* XIX*e siècle, par l'abbé Goujet.* Paris, 1786. II, 98.

Exemplaires : Bibliothèque Nationale, Ld⁴ 602. — Bibliothèque de l'Arsenal, H. 13404. — Archives Nationales, L 13, n⁰ 2, à grandes marges.

Cat. Boissier. Paris, 1725. 11 s.

273. — Le même. — *Lettre de M. Lenain de Tillemont au R. P. Armand-Jean Boutillier de Rancé, abbé de la Trappe, et les réponses de cet abbé, avec un discours préliminaire, des éclaircissemens sur les faits qui y sont rapportés et plusieurs lettres et pièces justificatives.* A Nancy, chez Joseph Nicolai, 1705. in-12 de 167 p.

Titre en rouge et noir. — En tête, portrait de « *Messire Sébastien Lenain de Tillemont, mort à Paris, le 10 janvier 1698, âgé de 60 ans* ».

Exemplaires : Bibliothèque Nationale, Ld⁴ 603. — Bibliothèque de l'Arsenal, H. 13404 (sous le même numéro que le précédent).

Cat. Boissier. Paris, 1725. 1 l.

274. — [Le Nain (dom Pierre).] — *Méditations sur la règle de S. Benoist tirées du commentaire de M. l'abbé de la Trappe sur la même règle.* Paris, 1696. in-12.

Compte-rendu : *Journal des scavans, mai 1696.* p. 216. « *L'accueil favorable que le public a fait au commentaire de M. l'abbé de la Trappe sur la règle de S. Benoist répond de l'excellence de ces méditations qui en sont tirées et qui contiennent tous les devoirs des religieux et mesme ceux des supérieurs.* »

275. — [Le même.] — *Méditations sur la règle de S. Benoit, tirées du commentaire sur la même règle par Monsieur l'abé de la Trappe. Troisième édition, revüe, corrigée et augmentée de plusieurs élévations à Dieu et d'une conduite intérieure pour se disposer à une bonne mort.* A Brusselle, chez François Foppens, 1704. in-12 avec fig.

Gravure représentant un trappiste debout, en prière devant une croix, dans le jardin de l'abbaye. Karrevoyn fecit.

276. — [Le même.] — *Méditations sur la règle de S. Benoist, tirées du commentaire de Monsieur l'abbé de la Trappe sur la même règle. Quatrième édition, revüe et corrigée en cette dernière édition.* A Paris, par la Compagnie des libraires, 1713. in-12 de 501-114 p. et 28 ff. préliminaires et de tables.

A la suite se trouve « *la véritable préparation à la mort* ».

L'ouvrage est dédié à Madame la duchesse douairière de Noailles et l'épitre est signée : *F. Muguet.*

Cat. Durnerin. 1893. 6 fr.

277. — Le même. — *Essai de l'histoire de l'ordre de Citeaux, tirée des annales de l'ordre et de divers autres historiens, par D.-Pierre Le Nain, sous-prieur de l'abbaye de la Trappe.* Paris, chez François Muguet, 1696-1697. 9 vol. in-12.

Comptes-rendus : *Journal des scavans, mars 1696.* p. 112, *juillet 1696.* p. 345 et 349, et *janvier 1698.* p. 7 et 13. — *Lenglet. Méthode hist.* III, 144.

Exemplaires : Bibliothèque de l'Arsenal, H. 13364. v. f. fil. et tr. dor., dos orné; H. 13364bis. v. jasp., dos orné; H. 13364a, avec l'ex-libris du Mis de Paulmy, v., dos orné. — Bibliothèque de Versailles, I 179b.

Cat. Lortic. Mars 1893. mar. r., dos orné, trois fil. dent. int., tr. dor. (rel. anc.), aux armes de Louis-Antoine, duc de Noailles, card. et arch. de Paris. (Le tome Ier ne porte pas les armes.) 300 fr.

Voici, à propos de cet ouvrage, quelques réflexions du Père Le Nain lui-même, extraites de ses lettres :

« *Il y a une chose dont j'ay dit un mot dans la préface, mais qui mérite, ce me semble, quelque chose davantage. C'est sur le sujet des réflexions morales que j'ay faites. Je ne doute point que plusieurs personnes ne les approuveront pas. Je scai que la pluspart veulent une narration pure de faits et qu'ils ne veulent point de ces sortes de réflexions, à moins que ce ne soit comme en passant et fort succintement. Cependant j'ay crû que le public attend cette manière d'écrire des gens scavans et qui font profession d'érudition ou de ceux qui écrivent les vies de saints qui regardent en général tout le monde, mais qu'un religieux qui ne fait profession que de piété, qui est uniquement appliqué dans son cloître à des exercices de piété, qui n'escrit que pour des personnes de son état et seulement les vies des saints qui ont vescu dans l'état monastique et dans l'ordre auquel Dieu l'a appellé, pouvoit prendre un genre d'écrire qui convint à sa profession et à ceux pour lesquels principalement il écrivoit, en s'étendant selon les rencontres sur des réflexions de piété, et j'ay pensé que le public ne désapprouveroit pas que j'en aye ainsi usé.* » (Lettre du Père Le Nain à M. Gerbais. 21 sept. 1693. — Bibl. de l'Arsenal, ms. 5172. fol. 70.)

« *Ce premier volume vous donnera, Monsieur, beaucoup plus de peine que tout le reste, car toute la suitte trouve peu de difficultés et est remplie d'évènemens agréables et édifiants tout ensemble, mais le premier volume a plus d'embarras et moins d'évènemens. C'est ce qui me fait croire que si jamais cet ouvrage s'imprimoit, il faudra que ce premier volume ne paroisse pas seul, mais qu'il soit accompagné du second..... J'ay crû qu'il falloit diviser tout l'ouvrage en divers livres pour une plus grande connoissance des temps et des choses. Car chaque livre renfermant les saints qui ont vescu en mesme temps et sous un mesme abbé de Cisteaux, cela donnera une plus grande clarté et plus de netteté à l'histoire. Comme j'ay prétendu faire une espèce d'histoire de l'ordre de Cisteaux (ou plus tost donner des mémoires à ceux qui voudroient le faire), en rapportant les plus remarquables evenemens qui s'y sont passez, rien ne m'a paru plus nécessaire pour cela que de donner une connoissance claire et évidente des temps auxquels les choses se sont passées et auxquels les saints dont je parle ont vescu.* » (Lettre du Père Le Nain à M. Gerbais. 7 oct. 1693. — Bibl. de l'Arsenal, ms. 5172. fol. 72.)

« *Cette revüe, Monsieur, m'a donné une pensée touchant le titre de l'ouvrage. Il m'a paru tenir plus d'une espèce d'histoire qui contient en abrégé les principaux evenemens qui se sont passés dans l'ordre de Cisteaux que d'une narration simple de la vie des saints qu'il a porté..... Cette considération m'a fait croire qu'il seroit plus à propos de donner ce tiltre à l'ouvrage : Essai de l'histoire de l'ordre de Cisteaux et rien davantage, au lieu de celui que j'ay mis qui convient moins à la manière dont ces vies sont écrittes..... J'ay proposé ma pensée à nostre R. P. abbé et il l'approuve.* » (Lettre du Père Le Nain à M. Gerbais. 27 janvier 1694. — Bibl. de l'Arsenal, ms. 5172, fol. 84.)

« *Je n'ay point vu l'ouvrage avec soin, j'ay seulement jetté les yeux sur diférens endroits; il y a de la piété et quantité d'histoires qui peuvent donner de l'édification; le style n'en est point égal; cependant, à tout prendre, il peut y avoir de l'utilité pour ceux qui le liront. Il m'a paru comme à vous, Monsieur, que M. Lenain, estoit bien aise qu'on le fist imprimer. Voilà ce que je puis vous en dire.* » (Lettre de l'abbé de Rancé à M. Gerbais. 29 mai 1694. — Bibl. de l'Arsenal, ms. 5172, fol. 88.)

278. — Le même. — *Homélies sur plusieurs chapitres du prophète Jérémie, par le R. P. dom Pierre Le Nain, souprieur de l'abbaye de la Trappe.* Paris, chez François Muguet, 1697. in-8°.

> Comptes-rendus : *Journal des scavans. Juillet 1697.* p. 298. — *Biblioth. des auteurs ecclésiastiques du* XVIIIe *s....., par l'abbé Goujet.* Paris, 1786. I, 149.
>
> Exemplaire : Bibliothèque de Versailles, OGe4, provenant de la Bibliothèque Pernot.

279. — Le même. — *Homélies sur quelques chapitres du prophète Jérémie par le Révérend Père dom Pierre Le Nain, souprieur de l'abbaye de la Trappe. Tome II.* A Paris, chez la veuve François Muguet, 1706. in-8°.

> Exemplaire : Bibliothèque Nationale. D 5219, inventaire D 15324.

280. — Le même. — *La vie du R. Père dom Armand-Jean Le*

*Bouttillier de Rancé, abbé et réformateur de la Maison-Dieu
N.-D. de la Trappe, etc., composée par dom Pierre Le Nain,
ancien sous-prieur de la dite abbaye.* [Rouen], 1715. 3 vol.
in-12.

> Annonce : *Journal hist. sur les matières du tems. Août 1708.*
> p. 148.
>
> Exemplaire : Bibliothèque Nationale. Ln²⁷ 16962.
>
> « *On a prévenu Monseigneur le Chancelier contre cet ouvrage
> et on luy en a donné des idées contraires à ce qu'il est en effet.
> Ainsi il ne sera pas aisé d'obtenir son privilège, surtout depuis
> qu'il l'a refusé à Son E. Mᵍʳ le cardinal de Noailles qui voulut
> bien prendre la peine de lui en faire la demande en personne.
> Cependant S. E. ne se rebute pas, considérant cette affaire
> comme une œuvre digne de sa piété et de son zèle pour la
> gloire de Dieu. Elle pense à s'adresser à M. l'abbé Bignon,
> l'informer de la vérité des choses et par son moien la faire
> connoître à M. le Chancelier. Si cette voie nous manque, il n'y
> aura plus guères d'espérance de voir cette vie imprimée que de
> longtemps. Ainsi, Mᵍʳ, la lettre de Mᵍʳ l'evesque de Castres ne
> pouvoit venir plus à propos. J'ay à sa charité d'extrêmes
> obligations, aussi bien qu'à V. G. de l'avoir porté à écrire une
> lettre si capable de faire réussir l'affaire..... Nous prierons
> Dieu de nostre costé au tombeau de nostre Père qu'après tant
> de miracles qu'il a fait par ses mérites, il fasse encore celuy
> de changer les cœurs de ceux qui s'opposent à l'impression de
> sa vie.....* » (Lettre du Père Le Nain à Mᵍʳ Taffoureau de Fon-
> taine, évêque d'Alet. 1706. Fait partie de notre collection.)

281. — Le même. — *La vie de dom Armand-Jean Le Boutillier
de Rancé, abbé et réformateur de l'abbye de la Maison-Dieu
Notre-Dame de la Trappe, par le révérend père dom Le
Nain, religieux et prieur de la même abbaye, contemporain
et témoin oculaire de toutes les actions de cet illustre réformateur.* A Paris, chez Louis d'Hotelfort, 1719. in-12.

> Compte-rendu : *Journal des scavans. Mai 1719.* p. 303.
>
> Exemplaire : Bibliothèque Nationale. Ln²⁷ 16962. A. Mar. r.
> aux armes royales de France.
>
> Cat. Darnerin. 1892. 5 fr.

282. — Le même. — *Ausfuhrliche, lehrreiche und sehr begwliché
Lebens-Beschreibung des hochwürdigen und seeligen Herrn
Armandi Joannis Le Bouthillier de Rancé, welcher, nachdem
er aus gottlichem Trieb die Welt nebst allen benssenen
ansehnlichen Wurden, Kvichen-Pfrunden und grossen
Erbeinkünften verlassen, sich aus einem Commendatario
oder weltlichen, zu einem Regular-Abbten des Closters unser
L. Fr. zu La Trappe gemacht, und in selbigem, wie auch
mehreren anderen, die urspringliche Lebens-Ordnung des*

*H. Cistercienser-Ordens neuerlich wider eingeführt, und
nach 37 jahriger Verwaltung seines Closters, mit Wunderen
im Leben und nach dem Tod gezieret, den 27 octobris 1700
im Ruf der Heiligkeit verchiden ist. Anfangs frantzosich
beschrieben durch R. P. Petrum Le Nain, subpriorem zu La
Trappe, welcher allda 45 Jahr und davon 32 mit dem
seeligen abbten gelebt hat; nunmehr wegen seiner Vortre-
flichkeit und erbaulichen Innhalts ins deutsche übersetzt
durch einen priester Ordinis sancti Benedicti cum permissu
superiorum.* Augspurg, verlegts Matthaus Rieger, Buchhandler, 1751. in-4°.

En tête gravure représentant la Vierge et l'Enfant Jésus appa-
raissant à un trappiste en extase. Dessiné par Jonas Pierre
Thiebaud; Joh. Jac. Grœssmann, sculpsit.

283. — Le même. — *Elevations à Dieu sur les préparations à la
mort et sur quelques autres sujets de piété par feu le R. P.
dom Le Nain, souprieur de l'abbaye de la Trape.* A Paris,
chez François Babuty, 1721. in-12.

Cat. Gougy, 1893. mar. r. jans. (rel. anc.). 10 fr.

284. — Le même. — *Elevations à Dieu sur les préparations à la
mort et sur quelques autres sujets de piété par le R. P. dom
Le Nain, souprieur de l'abaïe de la Trape.* A Paris, chez
François Babuty, 1728. in-12.

Cat. Durnerin, 1892. 2 fr.

Pierre Le Nain était fils de Jean Le Nain, maître des
requetes et de Marie Le Ragois. Il naquit à Paris le 25 mars 1640
et mourut le 14 décembre 1713. Chanoine régulier de S.-Victor,
ordonné prêtre en 1667, il se retira à la Trappe en 1668. Ayant
pris l'habit le 21 nov. 1668, il fit profession le 21 nov. 1669 et
devint plus tard sous-prieur de cette abbaye. V. *Moréri, gr.
dict. hist.* VII, 902.

285. — [**Lestrange** (abbé Louis-Henri de), [Dom Augustin].] —
*Réglemens de la Maison-Dieu de Notre-Dame de la Trappe,
par M. l'abbé de Rancé, son digne Réformateur, mis en
nouvel ordre et augmentés des Usages particuliers de la
Maison-Dieu de la Val-Sainte de Notre-Dame de la Trappe
au canton de Fribourg, en Suisse, choisis et tirés par les
premiers religieux de ce monastère de tout ce qu'il y a
de plus clair dans la Règle de S*t*-Benoit, de plus pur dans
les Us et Constitutions de Citeaux, de plus vénérable dans le
Rituel de l'Ordre, et enfin de plus réfléchi dans leurs propres
délibérations, en conséquence du dessein qu'ils formèrent de
se renouveler dans l'esprit de leur état et de suivre les traces
de S*t*-Bernard de plus près qu'ils pourroient.* A Fribourg,

en Suisse, chez Béat-Louis Piller, imprimeur LL. EE., 1794. 2 vol. in-4°.

286. — Le même. — *Conversations de Dom Augustin, abbé de la Val Sainte de Notre-Dame de la Trappe, en Suisse, avec de petits enfants de son monastère, suivies d'un recueil de maximes spirituelles et d'avis salutaires sur l'oraison.* En Suisse, à la Val-Sainte, et à Paris, chez Leclère, 1798. in-18.

287. — Le même. — *Conversations de Dom Augustin, abbé de N.-D. de la Trappe, avec des petits enfants élevés en son monastère, suivies d'un recueil de maximes spirituelles et d'avis salutaires sur l'oraison.* A Lyon, chez Rusand, 1819. in-16.

288. — Le même. — *Même titre.* Lyon, Rusand, 1832. in-18.

289. — Le même. — *Directorio espiritual, escrito para instruccion de novicios del real monasterio cisterciense de N.-S. de Sta. Susana de la Trapa, por D. Agustin Lestrange, abad de Santa Maria de Val Santa de la Trapa en la Suiza. Traducido sobre el autografo o manuscrito original que conserva el expressado monasterio de N. S. de Sancta Susana, por el R. P. M. D. Juan de Sada, monje de Sta. Maria la real de Piedra, consultor de la congregacion cisterciense de la corona de Aragon y Navarra, etc..... padre benemerito de la orden del Cister. visitados que fue del real monasterio de N.-S. de Sancta Susana, y examinados sinodal del arciprestado de Ager y obispado de Lerida.* Madrid, 1801, imp. de Vega y comp. lib. de Cariani. in-8°.

290. — [Le même.] — *Manière de faire avec fruit, en trente-trois stations, le chemin du grand calvaire établi à Bellefontaine.* Paris, 1818, imp. de Gueffier. in-12.

291. — [Le même.] — *Traité abrégé de la sainte volonté de Dieu et réflexions sur les souffrances tant intérieures qu'extérieures qu'elle nous envoie, tirées en grande partie du P. Nouet et augmentées de quelques autres, par un religieux de la Val Sainte de Notre-Dame de la Trappe.* 1re édition. Lyon, s. d., Rusand. pet. in-12.

> Ce petit ouvrage est suivi du *Manuel des frères du tiers ordre de la Trappe et des personnes associées à l'ordre.*

292. — [Le même.] — *Même titre.* 2e édition. Lyon, 1822. in-12.

293. — [Le même.] — *Même titre.* 3e édition. Lyon, 1827. in-12.

294. — [Le même.] — *Règle de S. Benoit, nouvelle édition, avec les constitutions du tiers ordre de la Trappe.* Paris, Rusand, 1824. in-18.

Louis-Henri, abbé de Lestrange, en religion Dom Augustin, naquit en 1754 au château du Colombier-le-Vieux (Ardèche) et termina ses jours à Lyon, le 16 juillet 1827. Il était fils de Louis, César de Lestrange, officier de la maison du Roi, et de Jeanne-Pierrette de Lalor. On connaît son existence mouvementée, quittant la Grande-Trappe pour aller fonder en Suisse le monastère de la Valle-Sainte, passant en Russie, en Autriche, visitant la Hollande, l'Italie, l'Espagne, l'Angleterre et l'Amérique, multipliant les maisons de son ordre et trouvant le loisir, au milieu de ces voyages incessants de réformer la règle de ses religieux et de leur laisser un certain nombre d'écrits parus un peu partout. Outre les ouvrages que nous avons mentionnés, nous devons à Dom Augustin : *les devoirs du chrétien*, imprimé en Suisse, une *collection des brefs de Pie VII*, imp. en Angleterre, une nouvelle édition des *prières et règlements de la Confrérie de N.-D. Auxiliatrice*. Il réédita également le *bréviaire de l'ordre*. Enfin, mentionnons plusieurs œuvres restées manuscrites que nous aurons l'occasion de citer plus tard.

Voir pour la biographie de l'abbé de Lestrange : *Notice sur l'abbé de Lestrange, par l'abbé Betems* (dans les *Etrennes religieuses de Lyon*, 1828). — [*Abbé Guerbes*]. *Vie de Dom Augustin de Lestrange.... par un religieux de son ordre*. Paris, 1829. in-12. 2e édit. 1834. in-12. — *Notice historique sur dom Augustin de Lestrange.... par M. l'abbé Badiche*, 12 p. in-8º (extrait de la biog. universelle, tome LXXI). — *La Trappe mieux connue.... par M. P. p.* Paris, 1834. p. 38 et suiv. — *Histoire de la Trappe, par M. de Grandmaison y Bruno.* Poitiers, 1839. p. 112 et suiv. — *Les Trappistes ou l'ordre de Citeaux au* xixe *siècle.... par M. C. Gaillardin.* Paris, 1844. Tome II. — *La Trappe.... par un trappiste de Sept-Fons.* Paris, 1870. p. 183 et suiv. — *Citeaux, la Trappe et Bellefontaine.... par H. Vérité.* Paris, 1883. p. 127-181.

295. — **Letacq** (l'abbé A.-L.) — *Contributions à la flore phanérogamique du département de l'Orne. Note sur la station des Drosera rotundifolia L., D. longifolia L., D. intermedia Hayne, à la Trappe (Orne).*

> *Bulletin de la soc. scientifique d'Argentan,* 15 octobre 1887. Tirage à part, in-8º de 11 p. Imp. du *Journal de l'Orne,* 1888.

296. — **Liberté** (Journal la). — *Les Trappistes.*

> Numéro du 2 octobre 1892, reproduit par le *Libéral,* 5 octobre et par le *Petit Caporal,* 6 octobre.
> Voir également l'*Echo du Peuple* (Cambrai), 6 novembre, *el Nacional* (Mexico), article signé *ecclesiasticus,* 16 novembre, et le *Journal des Débats* (matin) du 19 septembre 1893 qui parle du chapitre général des trappistes.

297. — **Lichtenberger** (F.). — *Encyclopédie des sciences reli-*

gieuses, publiée sous la direction de F. Lichtenberger. Paris,
Fischbacher, 1877-1882. 13 vol. in-8°.

> Gervaise (dom). V, 575.
> Moines. IX, 276.
> Rancé (abbé de). Art. signé : A. Paumier. XI, 106.

298. — **Luynes** (duc de). — *Mémoires du duc de Luynes sur la
Cour de Louis XV (1735-1758), publiés sous le patronage
de M. le duc de Luynes par MM. L. Dussieux et End-Soulié.*
Paris, F. Didot, 1860-1865. 17 vol. in-8°.

> Lettre adressée à la duchesse de Luynes par... en lui envoyant
> une lettre du duc de S.-Simon. 23 octobre 1754.
>
> « *Cette dernière lettre a été écrite par M. le duc de
> S.-Simon en l'année... à... et copiée sur la minute par feu M. le
> Chevalier de Ponnat qui a demeuré 48 ans à la Trappe et
> étoit autrefois en grande liaison avec M. le duc de S.-Simon.* »
> Elle est relative à ce qui s'est passé entre l'abbé de Rancé et le
> duc de S.-Simon touchant le jansénisme. Tome I, p. 452-458.

299. — **Lys** (Charles). — *La Trappe dévoilée par Charles Lys.*
Paris, Ledoyen, 1841. in-18.

300. — **Mabillon** (Dom Jean). — *Traité des études monastiques
divisé en trois parties ; avec une liste des principales difficultez qui se rencontrent en chaque siècle dans la lecture des
Originaux et un Catalogue de livres choisis pour composer
une Bibliothèque ecclésiastique, par Dom Jean Mabillon,
religieux bénédictin de la Congrégation de S. Maur. A Paris,
chez Charles Robustel, 1691. in-4°.*

> Exemplaire : Bibliothèque de l'Arsenal. T. 5240. « *Oratorii
> Agathensis, ex dono illustrissimi et Reverendissimi d. d.
> Ludovici Foucquet, episcopi Agathensis.* » Sur la première
> page, on lit : « *C'est ici la première et la plus belle édition de
> ce bon livre dont l'objet est très-curieux. Il a été traduit en
> italien sous le titre de scuola Mabilloniana par un père Ceppi,
> augustin, et imprimé à Rome en 1701 et en latin pour les
> allemands par un autre bénédictin allemand, bavarois,
> en 1702.* »

301. — Le même. — *Traité des études monastiques divisé en trois
parties avec une liste des principales difficultez qui se
rencontrent en chaque siècle dans la lecture des Originaux
et un catalogue de livres choisis pour composer une Bibliothèque ecclésiastique, par dom Jean Mabillon, réligieux
bénédictin de la Congrégation de S. Maur. Seconde édition,
revüe et corrigé* A. Paris, chez Charles Robustel, 1692. 2 vol.
in-12.

> Exemplaire : Bibliothèque de l'Arsenal. T. 5240 bis.

302. — Le même. — *Tractatus de Studiis Monasticis divisus in tres partes cum resencione principalium Difficultatum, quæ quolibet in sæculo occurrere solent in Lectione Originalium : catalogo quoque selectorum Librorum, pro instruenda Bibliotheca quadam Ecclesiastica, gallice conscriptus a P. dom Joanne Mabillon, religioso Benedictino Congregationis S. Mauri, nunc autem in Latinam Linguam translatus a R. P. Udalrico Standigl, celeberrimi et Exempti Monasterii Montis Sancti Audechs, congregationis SS. Angèlorum Custodum Benedictino-Bavaricæ sacerdote, SS. Theologiæ et Medicinæ Doctore, Proto-Notario Apostolico, Academico curioso et pro tempore Œconomo, juata secundam editionem revisam et correctam.* Campoduni, impensis Laurentii Kronigeri, 1702. in-12.

303. — Le même. — *Tractatus de Studiis Monasticis in tres partes distributus cum quadam præcipuarum difficultatum serie, quæ in Autographorum Operum lectione singulis quibusque sæculis occurrunt, selectiorumque voluminum addito Catalogo ad Bibliothecam in Ecclesiasticis materiis comparandam, auctore P. D. Joanne Mabillon, monacho benedictino, latine versus a P. D. Josepho Porta Astensi, Monacho Casin. in Collegio Anselmo-Benedictino Romæ olim sac: Theol. Lectore.* Venetiis, 1705, typis Andreæ Poleti. in-8°.

304. — Le même. — *Même titre. Editio secunda.* Venetiis, 1729, typis, Andreæ Poleti. 2 tomes en 1 vol. in-4°.

305. — Le même. — *Même titre. Editio altera.* Venetiis, 1745, ex typographia Andreæ Poletti. 2 tomes en 1 vol. in-4° de 366 p.

Suivi des deux traités ci-dessous :

Tractatus de studiis monasticis volumen tertium, complectens responsionem domni Armandi Buthilierii de Rancé, abbatis monasterii Trappæ ordinis Cisterciensis ad eundem tractatum, quæ nunc primum prodit è Gallico in Latinum sermonem conversa. Venetiis, 1745, ex typ. Andreæ Poletti, in-4° de 272 p.

Tractatus de Studiis monasticis volumen alterum, sive appendix complectens aminadversiones D. Johannis Mabillonii in responsionem R. P. Armandi Buthilierii abbatis Trappæ ad eumdem tractatum, nunc primum latine redditas, quibus studiorum Monasticorum Praxis et Traditio validius astruuntur et ab adversariorum objectionibus omnina vindicantur. Accedit Historia Dissidii Litte-

rarii circa hæc studia, a D. Vincentio Thuillier monacho Benedictino Gallice concinnata, Et variorum Epistolis huc spectantibus ad calcem aucta et illustrata. Venetiis, 1745, ex typ. Andreæ Poletti. in-4° de 302 p.

306. — Le même. — *Même titre. Editio tertia.* Veneta. Venetiis, 1770, apud Laurentium Basilium. in-4°.

A la suite se trouvent les deux mêmes traités précédents.

307. — Le même. — *Réflexions sur la réponse de M. l'abbé de la Trappe au traité des études monastiques, par Dom Jean Mabillon, religieux bénédictin de la Congrégation de S. Maur.* A Paris, chez Charles Robustel, 1692. in-4°.

Compte-rendu : *Journal des scavans,* nov. 1692. p. 437 et 445.

« *Cet ouvrage fut entrepris par ordre de M. le chancelier Boucherat qui le jugea important et nécessaire. On y admira l'humilité, la douceur et la modération avec lesquelles Dom Mabillon répond aux traits outrageux de son adversaire.* »
(Hist. litt. de la Congrégation de S. Maur, 1771. p. 253.)

« *... Parmi ce concours d'éloges et de d'aplaudissemens, la satisfaction du P. Mabillon ne put être pleine et entière, puisqu'il se vit privé du sufrage d'un abé très célèbre par la beauté de son esprit et la pureté de son stile et encore plus par la sainteté de sa vie qui, ne pouvant entrer dans les vues du P. Mabillon touchant les Etudes des moines, le réfuta dans un écrit in-4° à qui il dona pour titre : Réponse au traité des études monastiques, imprimé en 1691. Quatre mois après que cet écrit eut paru, le P. Mabillon publia, par ordre de M. le chancelier, ses réflexions sur la réponse de M. l'abbé de la Trape, aussi in-4°, qui furent tellement favorisées de l'estime publique qu'il se vit contraint d'en publier une 2e édition en 1693 en 2 vol in-12. Il réfute dans cet ouvrage avec tant de douceur et de modestie les raisons de son adversaire, il y fait paraître une érudition si vaste et si profonde, une connoissance si étendue de ce qui regarde l'histoire de l'Eglise, il entre dans un détail si circonstancié des académies bénédictines..... il éclaircit, en un mot, avec tant d'ordre et de netteté les difficultez du R. P. abbé de la Trape, que les persones les plus sensées convinrent qu'un humble et religieux silence étoit la seule victoire que pouvoit remporter sur lui son illustre adversaire. En effet, qu'auroit-il pu répondre à sa propre autorité dont se servoit le P. Mabillon pour maintenir les solitaires dans la possession où ils sont de s'appliquer aux sciences ? Ce célèbre écrivain pouvoit-il mieux justifier la conduite du solitaire Marc qui a consacré le talent qu'il avoit pour la poésie à la composition de la vie de S. Benoit, qu'en représentant au R. P. abbé de la Trape qu'il avoit lui-même fait ces beaux vers sur un portrait de la Vierge qui tient l'Enfant Jésus entre ses bras qu'on voit dans l'église de la Trape :*

Si quæras natum cur matris dextera gestat,
Sola fuit tanto munere digna Parens :
Non potuit mater majori munere fungi
Altera neu potuit dextera ferre Deum. »

(Bibl. hist. et crit. des auteurs de la cong. de S. Maur.
La Haye, 1726. in-12. p. 274.)

Catalogus libr. biblioth. ill. viri D. G. Boissier. Paris, 1725.
3 l. 7 s. — Cat. abbé d'Orléans de Rothelin. Paris, 1746. 4 l.

Exemplaires : Bibliothèque de l'Arsenal, T. 5242, et Bibliothèque de Versailles, IG 11.

308. — Le même. — *Réflexions sur la réponse de M. l'abbé de la*
Trappe au traité des études monastiques, divisées en deux
parties, par dom Jean Mabillon, religieux bénédictin de la
Congrégation de S. Maur. Seconde édition, reveüe et corrigée.
A Paris, chez Charles Robustel, 1693. 2 vol. in-12.

Cat. abbé d'Orléans de Rothelin. Paris, 1746. 1 l. 10 s.

Exemplaire : Bibliothèque de l'Arsenal, T 5242 bis.

Voici les principaux ouvrages que l'on peut consulter au
sujet de la querelle des Études monastiques :

Maupeou. Vie de l'abbé de Rancé. Paris, 1703. II, 76 et suiv.
— *Le Nain. Vie de l'abbé de Rancé.* Paris, 1719. I, 321 et suiv.
— *De Marsollier. Vie de l'abbé de Rancé.* Paris, 1758. II. 113.
— *Hist. litt. de la Congrégation de S. Maur.* Paris, 1770.
p. 210 et 251. — *Chavin de Malan. Histoire de D Mabillon et*
de la Congrégation de S. Maur. Paris, 1843. p. 387-422. —
C. Gaillardin. Les Trappistes ou l'ordre de Citeaux au xixe *s.*
Paris, 1844. I, 233. — *B. Gonod. Lettres de l'abbé de Rancé.*
Paris, 1846. Lettres cxvii à cxix, cxxiii à cxxv, cxxviii à cxxxi,
cxxxiii, cxxxvi, cxxxvii, cxxxix, clxxix, clxxx, ccxiii à ccxvi.
— *Archives des missions scientifiques et littéraires.* Paris, 1857.
Tome VI, p. 323-326. — *V. Cousin. Fragments philosophiques*
pour servir à l'histoire de la philosophie. Paris, 1866. IV, 82.
— *Abbé Dubois. Histoire de l'abbé de Rancé.* Paris, 1869,
II, 32, 291. 340. — *E. de Broglie. Mabillon et la société de*
l'abbé de S.-Germain-des-Prés à la fin du xviie *s.* Paris, 1888.
II, p. 97. — *Chan. H. Didio. La querelle de Mabillon et de*
l'abbé de Rancé. Amiens, 1892. in-8o. — *Baümer - Johannes*
Mabillon. Ein lebens und literaturbild aus dem XVII and XVIII
Jahrhundert. Augsburg, 1892. p. 201. Voir encore : *abbé*
Goujet, Gros de Boze, H. Jadart, de Narfon, D. Vincent
Thuillier, Valery, etc., etc., cités au cours de cette biblio-
graphie.

309. — Mabire. — *Compte-rendu d'une visite faite au monastère*
de la Trappe et à la colonie pénitentiaire, par plusieurs
membre du congrès (MM. Mabire, Prétavoine, du Buat,
Morière, Lelot, du Férage et le Blanc). Session de Laigle, 1861.

Annuaire des cinq départements de la Normandie, 1862.
p. 318.

310. — **Magasin pittoresque** *(le), rédigé depuis sa fondation sous
la direction de M. Edouard Charton. Paris, 1833, à.....
in-4°.*

> *La Trappe*, avec deux gravures représentant « *le portier
> d'un couvent de la Trappe* » et « *portrait d'un trappiste en
> prières* ». 3e année, 1835. Tome III, p. 196-198.
> *Couvent de la Trappe*, avec une gravure représentant l'abbaye
> de la Trappe près Mortagne, par Lancelot. 17e année, 1849.
> Tome XVII, p. 305.
> *L'abbé de Rancé*, avec son portrait. 1856. Tome XXIV,
> p. 307-308.
> *Une visite à l'abbaye de la Trappe en 1681. Extrait d'une
> lettre à Madame la duchesse de Liancourt avec un plan de
> l'abb. de la Trappe en 1681.* 1862. Tome XXX. p. 366-368.
> Cette relation n'est autre que la *description de la Trappe
> du P. Desmares.*

311. — **Maisonneuve** (de). — *Heroide ou lettre d'Adélaïde de
Lussan au comte de Comminges, par M. de Maisonneuve.
A Paris, 1781, chez Esprit. in-8°.*

> La scène se passe à la Trappe.
> Compte-rendu : *Année littéraire.* 1781. Tome Ier, lettre XVII,
> p. 307-324.

312. — **Malengreau** (Auguste). — *Les origines et les constitutions
de la Trappe. Les monastères du pays de Chimay. La Trappe
de Notre-Dame de Scourmont, par M. Auguste Malengreau,
docteur en droit.....* Turnhout, établissement de Glénisson
et fils, 1874. in-8°.

> Accompagné de cinq planches.
> Une partie du chapitre III (p. 48) est consacrée à la fondation
> de la Trappe par Rotrou et à la réforme de l'abbé de Rancé.
> Règles des Trappistes. p. 89 et suiv.

313. — **[Marlin** (Fr.).] — *Voyages en France et pays circonvoisins
depuis 1775 jusqu'en 1807.* Paris, Guillaume et Cie, 1817.
4 vol. in-8°.

> 1775. *Voyage de Brest à Paris en passant à la Trappe.*
> Tome Ier, p. 11.
> « *Quelle morne et sombre solitude ! Quel séjour épouvantable
> et noir ! Où suis-je venu ! Je ne remporterai d'ici que des
> tableaux désolans et de lugubres souvenirs.* »

314. — **Martin** (abbé F.). — *Les moines et leur influence sociale
dans le passé et dans l'avenir par M. l'abbé F. Martin,
missionnaire apostolique, chanoine honoraire de Belley,*

ancien curé de Ferney, curé-archiprêtre de Ceyzeriat. Paris,
René Haton, 1880. 2 vol. in-12.

> La décadence des monastères. La Trappe et Aiguebelle. Dom
> Gervaise et son histoire générale de la réforme de Citeaux.
> I, p. 263 et suiv.
> La Trappe, sa réforme et l'abbé de Rancé. II, p. 20 et suiv.

315. — **Marsollier** (abbé de). — *La vie de Dom Armand-Jean le
Bouthillier de Rancé, abbé régulier et réformateur du
monastère de la Trappe, de l'étroite obvervance de Cisteaux,
par M. l'abbé de Marsollier, chanoine de l'église cathédrale
d'Uzès.* Paris, chez Jean de Nully, 1703. in-4°.

> Suivie des « *pensées de l'abbé de la Trappe sur divers sujets
> de piété, tirées de ses lettres universelles* ».
> En tête se trouve un portrait en pied de l'abbé de Rancé.
> Crépy, sculps.
> Compte-rendu : *Journal des scavans,* mai 1703. p. 278.
> Exemplaire : Bibliothèque Nationale, Ln²⁷ 16959. — Biblio-
> thèque de l'Arsenal, H. 13399ᵃ. v marbr., fil., à fr., dos orné.
> — Bibliothèque de Versailles, I. 293ᵇ, mar. rouge, aux armes
> royales de France, sur grand papier.
> Cat. Bibl. Fayana. Paris, 1725. 7 l.

316. — Le même. — *Même titre.* Paris, chez Jean de Nully, 1703.
2 vol. in-12.

> Cat. Léon Pillet. 1888. 6 fr.
> Exemplaire : Bibliothèque de l'Arsenal, H. 13399, veau, fil. à
> fr., dos orné, sur grand papier.

317. — Le même. — *Vita di D. Armando Giovanni Le Bouthillier di Ransé, abbate regolare, e riformatore del
monastero della Trappa della stretta observanza di Cistello,
raccolta da quella, che ha scritta in lingua francese il signor
abbate di Marsollier, canonico della catedrale di Uzès,
publicata nell' idioma italiano dall' abbate Nicolao Burla-
macchi nobile Lucchese dottore di sacra teologia.* In Lucca,
1706. in-4°.

> Dédiée « *all altezza reale di Cosmo III, gran duca di
> Toscana* », traduit en italien par Michele Bertacchi. Avec un
> portrait de l'abbé de Rancé, avant la lettre, dans un médaillon,
> buste tourné vers la droite.
> Exemplaire : Bibliothèque Nationale, Ln²⁷ 16960, v. br.,
> dos orné.
> Cette traduction a été mise à l'index par décret du 7 février 1718.

318. — Le même. — *La vie de Dom Armand-Jean Le Bouthillier
de Rancé, abbé régulier et réformateur du monastère de la
Trappe, de l'Etroite Observance de Cisteaux, par M. l'abbé*

de Marsollier, chanoine de l'église cathédrale d'Uzès. Nouvelle édition. A Paris, chez Babuty, 1758. 2 vol. in-12.

Compte-rendu : *Année Littéraire*, 1758. Tome VIII, p. 14 à 24 (10 décembre 1758).

319. — **Martres** (Rév. Père Jean-Baptiste de). — *Constitutions de l'abbaye de la Trappe, suivies de réflexions sur les mêmes constitutions. Nouvelle édition revue et corrigée par le Révérend Père Jean-Baptiste de Martres, supérieur du monastère établi à S.-Aubin.* Bordeaux, imp. de Henry Faye fils, s. d. in-12.

Exemplaire : Bibliothèque Nationale. Ld¹⁷ 178.

320. — [Le même.] — *Constitutions de l'abbaye de la Trappe avec des réflexions. Troisième édition.* A Brusselles, chez Lambert Marchant, 1702. in-12.

321. — [**Maupeou** (Pierre de).] — *La conduite et les sentimens de monsieur l'abbé de la Trappe, pour servir de réponse aux calomnies de l'autheur des entretiens de Timocrate et de Philandre sur le livre de la sainteté et des devoirs de la vie monastique.* S. l., 1685. in-12 de 312 p.

« *Malgré toutes nos recherches*, dit l'abbé Dubois (p. 131, note 1), *nous n'avons trouvé qu'un seul exemplaire de cet ouvrage, ayant appartenu au président Bouhier de Dijon. On le conserve à la Bibliothèque de Troyes* ». Un autre exemplaire se trouve cependant à la Bibliothèque Nationale, D 30686. Sur le titre on lit : « *Au p. Damase Ragonnet, recollet* », avec sa signature au bas.

322. — Le même. — *Eloge funèbre du très révérend père Dom Armand-Jean Bouthillier de Rancé, abbé et réformateur du monastère de la Trappe, par Monsieur de Maupeou, curé de Nonancour.* Paris, chez F. Muguet, 1701. in-12.

Suivi d'une « *lettre de Monsieur l'abbé de la Trappe à un de ses amis, trois jours après sa profession* », p. 127, et d'une « *lettre de Monsieur l'abbé de la Trappe à Madame l'abbesse des Clairets, deux heures avant sa mort, le 26 octobre 1700* ».
Cat. Alisié. 1889. 6 fr. 50.
Exemplaire : Bibliothèque Nationale, Ln²⁷ 16957.

323. — Le même. — *La vie du Tres Reverend père dom Armand-Jean Le Bouthillier de Rancé, abbé et réformateur du monastère de la Trappe. Dédiée au Roy, par Monsieur de Maupeou, docteur en théologie, curé de la ville de Nonancourt. En deux tomes.* A Paris, chez Laurent d'Houry, 1703. 2 vol. in-12.

Compte-rendu : *Journal des savans*, nov. 1702, p. 645.
Cat. Secousse. Paris, 1755. 2 l.

Exemplaires : Bibliothèque nationale, Ln^{27} 16958, mar. r., dos
orné, aux armes royales de France. Les pages sont encadrées
d'un filet rouge. En tête de chaque volume, portrait de l'abbé
de Rancé, gravé par Drevet. — Bibliothèque de Versailles,
I 286^b, mar. r. aux armes royales de France.

324. — **Mazarin** (le cardinal). — *Lettres du cardinal Mazarin
pendant son ministère, recueillies et publiées par M. le
Vte G. d'Avenel.* Paris, Imp. Nat., 1872-1893 7 vol. in-4°.
> Lettre à l'archevêque de Tours, Victor Le Bouthillier.
> [Compiègne], 22 septembre 1656. Cette lettre a trait à la vie
> que menait l'abbé de Rancé avant sa conversion. Tome VI, p. 375.

325. — **Mémoire** *pour l'abbé et les religieux de la Trappe, ordre
de Cisteaux, contre le curé de Prépotin.* S. l. n. d. [vers 1692].
4 p. in-fol.
> Ce mémoire est relatif à la métairie du Boulay, située sur la
> paroisse de Soligny.
> Exemplaire : Bibliothèque Nationale, Thoisy. 9. Z 2284, f° 130.

326. — **Mémoire** *pour les abbé régulier, prieur, religieux et couvent de l'abbaye et Maison Dieu de Notre Dame de la Trappe,
défendeurs au principal, demandeurs, évoquans et appellans tant en leur nom qae comme prenans le fait et cause de
Germain Cuvier leur fermier de la petite Trappe. Contre
messire François-Marie Perenc de Moras, chevalier, maitre
des requêtes ordinaire de l'Hôtel du Roy, seigneur du comté
de Clinchamp, province du Perche, demandeur au principal, défendeur et intimé.* [Paris], imp. de Mesnier, 1743.
20 p. in-fol.
> « Question de scavoir si M. de Moras, en qualité de seigneur
> de Clinchamp, peut assujettir les abbé et religieux de la
> Trappe aux devoirs et profits féodaux pour raison d'un fief
> appellé la petite Trappe et situé en la paroisse d'Origny-le-
> Butin. »
> Exemplaire : Bibliothèque Nationale : f° F^3 210. 8877.

327. — *Addition de* **Mémoire** *servant de réponses pour les abbé
régulier, prieur, religieux et couvent de l'abbaye et Maison-
Dieu de Notre-Dame de la Trappe, défendeurs au principal,
demandeurs, évoquans et appellans tant en leur nom que
comme prenans le fait et cause de Germain Cuvier, leur
fermier de la petite Trappe. Contre messire François-Marie
Perenc de Moras, chevalier, maitre des requêtes ordinaire
de l'Hôtel du Roy, seigneur du comté de Clinchamps, province du Perche, demandeur au principal, défendeur et
intimé.* [Paris], imp. de Mesnier, 1743. 16 p. in-fol.
> Exemplaire : Bibliothèque Nationale : f° F^3 210 8878.

328. — **Mémoire** *signifié pour les abbé régulier, prieur, religieux et couvent de l'abbaye de la Maison-Dieu de Nôtre-Dame de la Trappe, ordre de Cisteaux, filiation de Clairvaux. Contre Mᵉ Charles de la Noë, prestre, héritier de Mᵉ Gabriel de la Noë, vivant curé de la Paroisse de Saint-Pierre-Dumesnil, son frère, avec lequel sieur Charles de la Noë l'Instance a été tenüe pour reprise par arrêt du Conseil du 28 mars 1743. Et encore contre Mᵉ François du Houllaye de la Lambroye, prestre, curé actuel de la même paroisse de Saint-Pierre-Dumesnil.* [Paris], de l'imprimerie de J. Lamesle, 1744. 30 p. in-fol.

Exemplaire : Bibliothèque Nationale : f⁰ F3 210 8878 ᵇⁱˢ.

329. — **Mémoire** *signifié pour Mᵉ François du Houllaye de l'Ambroye, prêtre-curé de la paroisse de S. Pierre du Mesnil, défendeur et demandeur. Contre les abbé et religieux du monastère de la Trape, ordre de Citeaux, demandeurs et défendeurs.* Paris, imp. de la veuve d'André Knapen, 1744. 16 p. in-fol.

Contestation de dixme au curé du Mesnil.
Exemplaire : Bibliothèque Nationale : f⁰ Fm. 5317.

330. — **Mémoire** *adressé à N. S. les évêques de France par le chapitre général de la congrégation de la Trappe (signé : F. Joseph-Marie, abbé de la Grande-Trappe...).* [3 octobre 1850]. L'Aigle, imp. de P.-E. Brédif, s. d. 36 p. in-4⁰.

Au sujet de la révolte de l'abbé de la Trappe d'Aiguebelle.
Exemplaire : Bibliothèque Nationale : Ld¹⁷ 201.

331. — **Mémoire** *pour la défense des congrégations religieuses, suivi de notices sur les instituts visés par les décrets du 29 mars.* Paris, lib. Poussielgue frᵉˢ, 1880. in-8⁰.

Les Cisterciens réformés ou trappistes. p. 99.
Les monastères de la Trappe de Rancé en France. p. 107.

332. — **Mémoires** *de Mademoiselle de Montpensier.* Londres, 1746. 7 vol. in-12.

L'abbé de Rancé et l'abbaye de la Trappe. IV, 292.

333. — **Mémoires** *inédits sur la vie et les ouvrages des membres de l'Académie royale de peinture et de sculpture publiés d'après les manuscrits conservés à l'école impériale des Beaux-Arts, par MM. L. Dussieux, E. Soulié, Ph. de Chennevières, Paul Mantz, A. de Montaiglon, sous les auspices de M. le Ministre de l'Intérieur.* Paris, J.-B. Dumoulin, 1854. 2 vol. in-8⁰.

Description du portrait de l'abbé de Rancé peint par H. Rigaud. I, p. 118, 165, 177, 178 et 200.

334. — Mercure de France, juin 1780. in-12.

Vers sous forme d'épitaphe composés par M. de la Touraille sur le tombeau d'un cénobite dont la vocation s'était un peu démentie avant sa mort. p. 3.

335. — Mercure galant, *dédié à Monseigneur le Dauphin.* Paris, décembre 1690.

Lettre de l'abbé de Rancé au maréchal de Bellefond sur la visite du roi d'Angleterre à la Trappe avec plusieurs particularités touchant cette abbaye. p. 192-230.

336. — Michaud. — *Biographie universelle ancienne et moderne, ou histoire par ordre alphabétique de la vie publique et privée de tous les hommes qui se sont fait remarquer par leurs écrits, leurs actions, leurs talents, leurs vertus ou leurs crimes.* Paris, chez Madame C. Desplaces et Leipzig, librairie de F.-A. Brockhaus, s. d. 45 vol. in-4°.

Gervaise (dom F.-Arm.), par L. Y. XVI, 359.
Le Nain (dom Pierre), par W.-S. XXIV, 109.
Mabillon (Jean), par W.-S. et Z. XXV, 581.
Rancé (Arm. J. Le B. de), par W.-S. XXXV, 160.

337. — Millin (A.-L.). — *Magasin encyclopédique..... rédigé par A.-L. Millin.* 5e année. 1799. Tome. V.

Lamothe Houdart à la Trappe. p. 122-125.

« *Tout le monde connoit le trait arrivé à Lamothe Houdart. Il avoit donné aux Italiens, en 1693, une petite pièce intitulée les Originaux; elle fut sifflée. De dépit il alla se jeter dans le couvent de la Trappe. Le célèbre abbé de Rancé, supérieur de ce monastère, le détourna de ce projet qui n'étoit que l'effet d'une disgrâce passagère. C'est cette anecdote qui a fourni le sujet de la pièce donnée aux Troubadours le 12 nivôse...* »
Suit le compte-rendu de la pièce qui est d'Auger et d'un auteur anonyme.

Voir le n° 2 de cette bibliographie.

338. — Moniteur universel (Journal, le). — [*Autorisation de quêtes en faveur de la Trappe.*]

Lettres de S. Excellence le ministre de l'Intérieur [Lainé] à M. le Mis de Villeneuve, préfet du Cher, le priant de donner toutes les facilités à l'abbé « Delestranges », autorisé à faire une quête en France en faveur de la Trappe. *Mardi 6 août 1816.* p. 886.

Circulaire du susdit préfet aux sous-préfets et maires de son département à ce sujet. *Mercredi 4 septembre 1816.* p. 999.

Quête de dom Pierre Amiot pour la Trappe, à Colmar et environs. *13 juillet 1818.* p. 839, et à Strasbourg. *22 août 1818.* p. 999.

339. — Moréri (Louis). — *Le grand dictionnaire historique ou le* *mélange curieux de l'histoire sacrée et profane..... par Mre Louis Moréri, prêtre, docteur en théologie.* A Paris, chez les libraires associés, 1759. 10 vol. in-fol.

> Bouthillier (famille Le). II, 198.
> Forbin (Fr. Toussaint de). V, 243.
> Gervaise (dom). V, 277.
> Nain (dom Pierre le). VII, 902.
> Rancé (abbé de), IX, 46.
> Trappe (abbaye de la). X, 315.

340. — **Morning advertiser**, Londres, 1er octobre 1892.

> The Trappist monks.

341. — **Narfon** (J. de). — *Mabillon et l'abbé de la Trappe. Une polémique religieuse au dix-septième siècle.*

> *Le Gaulois*, 30 sept. 1892. Article reproduit par *El Corréo* (Madrid), 3 octobre 1892.
>
> Voir également dans *le Gaulois* du 29 septembre 1893 : *La réforme de la Trappe par J. de Narfon.*

342. — **Niceron** (le Père). — *Mémoire pour servir à l'histoire des hommes illustres de la république des lettres, avec un catalogue raisonné de leurs ouvrages.* Paris, 1727-1745. 43 vol. in-12.

> Histoire de la vie de D. Pierre Le Nain. II, 311-314, et X, part 1, p. 99.

343. — **Nouvelles ecclésiastiques** *ou mémoires pour servir à l'histoire ecclésiastique.* S. l. n. d. [1728-1803]. volumes in-4°.

> *Reproche fait à l'abbé de Rancé par le P. Lepicart, génovefain, d'avoir tant bataillé contre le livre du P. Mabillon sur les Etudes monastiques, d'avoir laissé l'ignorance en partage à ses moines en leur interdisant les études nécessaires pour bien scavoir les dogmes de la foi et pour bien entendre les SS. Pères. Ces solitaires donnent en 1711 au P. Lepicart un acte d'association de prières et de bonnes œuvres, signé par l'abbé Dom Jacques et par 27 capitulans. Liaisons de l'abbé Isidore avec un certain abbé de Bonsolazzo en Toscane, promettant à l'abbé Isidore de lui faire avoir du Pape des indulgences plénières pour chaque mois et pour chaque religieux à l'article de la mort, moyennant un acte de l'acceptation de la Bulle par la Communauté : cette acceptation faite en 1717. Opposition de Dom Zozime et de quelques particuliers seulement. Le P. Zozime dépossédé de la charge de célerier pour son opposition à la bulle, soutenu dans ces principes pendant quelques temps par des lettres tendres, fortes et lumineuses du P. Lepicart. Voyages, lettres et écrits de ce génovefain pour éclairer ces moines au sujet de la bulle et leur montrer qu'en acceptant ce décret, ils abandonnent en même temps les*

sentimens de s. Benoit, de s. Bernard et de l'abbé de Rancé.
Du 12 août 1742. p. 125.

*Division de sentimens dans l'abbaye de la Trappe au sujet
de la bulle : ordres à l'abbé de Sept-Fons de s'y transporter
pour y faire accepter le décret romain : acceptation par le
gros des solitaires, disans la recevoir comme l'Église la reçoit :
refus de quelques-uns de prendre part à cette acceptation,
sans former d'opposition expresse.* 1er janvier 1728. Art. de
Paris, no VI. p. 3.

*Dom Zozime, ennuyé de la simplicité de son état, se rap-
proche de la bulle pour faire son chemin, trouve le secret
de devenir abbé ; sourd aux remontrances du P. Lepicart pour
le rappeler à ses premiers sentimens, prétend ne s'être opposé
à l'acceptation de la bulle en 1717 qu'à cause des défenses du
Roi de remuer cette affaire et d'exiger des signatures.* 1742.
p. 126.

*Zèle amer du P. abbé à dégrader..... et menacer..... deux
de ses religieux prêtres, dont l'un maître des novices et l'autre
souprieur, tous deux distingués par leur grande régularité et
leurs talens peu communs dans cette abbaye et néanmoins
traités d'excommuniés, d'hérétiques.....* 1733. p. 159.

(Extraits de la Table.)

Les Nouvelles ecclésiastiques ont été mises à l'index par
décrets du 28 juillet 1742 et du 10 mai 1757.

344. — **Oettinger** (Edouard-Marie). — *Bibliographie biographique
universelle. Dictionnaire des ouvrages relatifs à l'histoire
de la vie publique et privée des personnages célèbres de tous
les temps et de toutes les nations, depuis le commencement
du monde jusqu'à nos jours.... par Edouard Marie Oettinger.*
Bruxelles, J.-J. Stienon, 1854. 2 vol. gr. in-8°.

> Lenain (Pierre). I. Col. 961.
> Rancé (A.-I. Le B. de). II. col. 1492.

345. — **Olivier** (l'abbé Jacques-François-Henri). — *Excursion
botanique à la Grande-Trappe (Orne).*

> *Feuille des jeunes naturalistes.* 7e année. 1er mars 1877.

346. — **P...** (de). — *Voyage à la Trappe. A M. de *** par
M. de P...*

> *Recueil amusant de voyages en vers et en prose faits par,
> différents auteurs.* Paris, Nyon, 1783. Tome II, p. 211 à 231.
> L'auteur de cette relation, écrite en vers et prose, décrit tout
> son voyage ville par ville et arrive enfin aux environs de la
> Trappe avec fort peu d'enthousiasme : « *Nous trouvâmes bientôt
> le bois affreux qui l'environne. Dans cet horrible lieu*
>> *On ne voit point le papillon volage*
>> *Caresser et sucer les fleurs,*
>> *Jamais le rossignol de ses airs enchanteurs*
>> *N'y fit entendre le ramage.*

> *Progné n'ose pas même en ce séjour sauvage*
> *Redire aux échos ses douleurs ;*
> *A l'ombre de l'épais feuillage,*
> *Qui couvre le hêtre et l'ormeau,*
> *Tityre ne vient point, enflant un chalumeau,*
> *A Chloé rendre son hommage.*

« *En un mot, tout y est affreux..... Nous y entrâmes enfin dans cette abbaye si désirée :*

> *Avec respect j'ai vu des solitaires,*
> *Le dos courbé sous leurs pénibles haires,*
> *D'un Dieu clément implorer la bonté !*
> *Dans leurs discours touchans, sur leur visage austère*
> *Les vertus ont gravé leur sacré caractère ;*
> *Ils adorent le Dieu que nous devons servir,*
> *Brûlant de le rejoindre, ils n'ont d'autre désir,*
> *Soit qu'ils bêchent la terre ou qu'au sein des ténèbres*
> *Leur expirante voix pousse des cris funèbres.....*
> . . . . »

Parlant du Père abbé, l'auteur ajoute : « *La douceur anime toujours ses corrections paternelles et il les donne avec autant de zèle que de regret,*

> *Je ne vous dirai rien de ces tristes repas*
> *Qu'un cidre bien noir assaisonne*
> *Et qu'un long usage empoisonne*
> *De légumes peu délicats*
> *Et de fruits d'une triple automne.* »

« *L'auteur de ce petit voyage*, dit l'éditeur, *crayonna cette bagatelle presqu'au sortir de l'enfance.* »

347. — **Paccard** (J.-Edme). — *L'abbaye de la Trappe ou les révélations nocturnes.* Paris, Pigoreau, 1821. 3 vol. in-12.

Roman précédé d'une notice historique sur N.-D. de la Maison-Dieu de la Trappe.

348. — **Pacome** (frère). — *Description du plan en relief de l'abbaye de la Trappe, présenté au Roy par le frère Pacome, religieux solitaire.* Paris, des caractères et de l'imprimerie de Jacques Collombat, 1708. in-4°.

Cette description est suivie des « *principales sentences qui sont écrites dans l'abbaye de la Trappe et que j'ay copiées dans le séjour que j'y ay fait, lorsque j'en ay levé le plan pour Sa Majesté.* » p. 65, de « *l'œconomie et reglement de ce qui s'observe tous les jours en général dans l'abbaye de la Trappe* » p. 72, et des « *noms de ceux qui sont morts depuis le mois de novembre 1704 jusqu'à présent que M. l'abbé de la Trappe m'a envoyé.* » p. 79.

L'ouvrage est accompagné de cinq plans des bâtiments de la Trappe et de neuf gravures représentant différentes circons-

tances de la vie des religieux. De Rochefort, sculp. Janv. 1708.
Voir : Iconographie.

Cat. Secousse. Paris, 1755. 7 l. 15 s.

Exemplaires : Bibliothèque Nationale : réserve Lk⁷ 3586, mar.
r. à grandes marges, deux exemplaires sous le même numéro,
l'un aux armes de Monsieur, l'autre aux armes de Charlotte-
Elisabeth de Bavière. — Bibliothèque de l'Arsenal : H. 13401, à
grandes marges, aux armes de la princesse de Condé, fille de
Louis XIV et de Mᵐᵉ de Montespan ; mar. r. avec dent, fleurs
de lis au dos et aux coins. En tête quelques réflexions manuscrites sur la Trappe (xviiiᵉ s.). — Et H. 13401ᵃ, mar. r., dent.
et fleurs de lis sur les plats, aux armes du cardinal de Noailles,
archevêque de Paris.

349. — **Pacôme** (dom). — *Justification de la démarche de dom
Pacôme, religieux de l'abbaye de la Trappe, appelé dans le
monde Guillaume Dardenne, prestre de la doctrine chrétienne, forcé par les différentes persécutions de ses supérieurs
de se retirer en Hollande pour la défense de la vérité, avec
son appel au futur concile (20 février 1737).* S. l. n. d. 15 p.
in-4°.

Exemplaire : Bibliothèque Nationale, Ld⁴ 2125.

350. — **Patu de Saint-Vincent.** — *Vues pittoresques prises dans
les comtés du Perche et d'Alençon, dessinées d'après nature
par P.-Louis Duplat, suivies d'un texte historique par
J. Patu de Saint-Vincent.* A Paris, chez l'auteur, s. d.
[1826]. 6 livraisons album, in-4° oblong.

Ruines de la Trappe. Planches IX, X et XI. 3ᵉ livraison.
p. 13 à 21. Voir : Iconographie.

351. — **Pelletier** (E.). — *Visite agricole au monastère de la
Grande-Trappe, commune de Soligny. Rapport à l'association normande dans sa session tenue à L'Aigle en 1861,
par M. E. Pelletier, membre du Conseil général de l'Orne.*

Annuaire des cinq départements de la Normandie. 1862.
p. 350 à 365.

352. — **[Péquigny]**. — *La Trappe mieux connue ou aperçu des-
criptif et raisonné sur le monastère de la Maison-Dieu
N.-D. de la Trappe, près Mortagne, diocèse de Séez, par
M. P[équigny], p[rêtre], précédé d'une introduction par
M. l'abbé Deguerry, suivi d'une ode par M. le comte de
Marcellus et orné d'un portrait de l'abbé de Rancé gravé
sur acier et d'un fac-similé de son écriture.* Paris, Gaume
frères, 1834. in-8°.

« *Cet ouvrage, d'après M. de Manne (3ᵉ édit. de son dict.),
est du Père François de Sales, connu avant son entrée en*

religion sous le nom de Pierre Péquinot; dans sa 2ᵉ édition il l'avait nommé Pierre Picquignot. » (Dict. des anon. de Barbier.)

Exemplaire : Bibliothèque Nationale. Lk⁷ 3590.

353. — **Perey (Lucien)** [Mᵐᵉ Lucie Herpin]. — *Le président Hénault d'après des lettres et des mémoires inédits.*

> Article paru dans *le Correspondant* du 10 décembre 1892.
>
> Il est rapporté que le jeune Hénault, étant chez les Oratoriens au moment de la mort de l'abbé de Rancé, avait imaginé de composer une oraison funèbre à la mémoire du saint réformateur, « *mais un beau jour, par excès de dévotion, le jeune rhéteur en fit noblement le sacrifice et brûla le magnifique ouvrage* ». p. 912.

354. — **Pitard (J.-F.).** — *Fragments historiques sur le Perche.* Mortagne, Daupeley, 1866. in-4°.

> Art. Soligny-la-Trappe. p. 407 à 421.

355. — **Plouvier (Edouard).** — *Etudes religieuses. Les deux trappistes.*

> *Musée des Familles.* Septième volume. 1839-1840. p. 257 à 274.
>
> Description de la Trappe de Mortagne, histoire, sous forme de roman, de deux frères et du baron de Lestranges qui s'engagent dans ce monastère.

356. — **Rabutin (Roger de).** — *Nouvelles lettres de messire Roger de Rabutin, comte de Bussy, lieutenant général des armées du Roi et mestre de camp général de la cavalerie françoise et étrangère, avec les réponses.* A Paris, chez Florentin Delaulne, 1709. 3 vol. in-12.

> Lettre cxxxii, *de mademoiselle du Pré au comte de Bussy.* Paris, 22 juin 1671. Envoi de la relation d'une retraite que l'abbé Le Camus a faite à la Trappe. I, 184.
>
> Lettre cxxxiii, *du comte de Bussy à mademoiselle du Pré.* Chascu, 27 juin 1671. Il a peu de confiance dans la réforme de l'abbé de la Trappe. I, 186.
>
> Lettre cxiv, *du comte de Bussy à l'abbé de Choisy.* Chascu, 6 nov. 1690. L'abbé de Choisy à la Trappe. III, 195.
>
> Lettre cxxvii, *du comte de Bussy à madame de M...* Chascu, 14 déc. 1690. Sur les relations de la vie et de la mort de quelques religieux. III, 215.
>
> Lettre cxxxi, *de l'abbé de Choisy au comte de Bussy.* Paris, 27 déc. 1690. Envoi d'une lettre de M. de la Trappe au maréchal de Belfonds (29 oct. 1690) qui est rapportée en entier. Elle contient l'éloge du roi d'Angleterre, Jacques II. III, 222.
>
> Lettre cxxxii, *du comte de Bussy à l'abbé de Choisy.* Chascu, 1ᵉʳ janvier 1691. Il lui fait l'éloge de la lettre précédente. III, 227.

Lettre CLX, *de l'abbé de Choisy au comte de Bussy.* Paris, 21 février 1691. Le marquis de Santena à la Trappe. III, 266.

Lettre CCXIX, *de l'abbé de Brosses au comte de Bussy.* Paris, 23 avril 1692. Le roi d'Angleterre à la Trappe. III, 371.

Lettre CCXX, *du comte de Bussy à l'abbé de Brosses.* Chascu, 27 avril 1692. Même sujet. III, 372.

357. — [Racine (Louis), le fils.] — *Poème sur la grâce.* A Paris, [Coignard], 1722. in-8°.

Passage relatif à l'abbé de Rancé, p. 37.

358. — **Rancé** (dom Armand-Jean Le Bouthillier de). — ΑΝΑΚΡΕΟΝΤΟΣ ΤΗΙΟΥ ΤΑ ΜΕΛΗ, μετά σκολίων Αρμάνδου Ιωάννου Βουθιλλιηριου ἀρχιμανδρίτου. Parisiis, ex typographia Jacobi Dugast, via S. Joannis Bellovacensis, ad olivam R. Stephani, 1639. in-8° de 145 p. et de six feuillets liminaires.

« *L'abbé de Rancé n'avoit pas plus de douze ans alors qu'il donna au public une nouvelle édition des Poésies d'Anacréon, il l'accompagna d'un commentaire grec qui fut admiré des scavans. Cet ouvrage fut imprimé à Paris en 1639 et il le dédia au cardinal de Richelieu..... Il fit dans ce même temps une traduction françoise de ce même poëte.* » (Marsollier. Vie de l'abbé de Rancé. Paris, 1703. I, 9.

« *Ce que j'ai fait sur Anachréon n'est rien de considérable; qu'est-ce que l'on peut penser à l'âge de 12 ans qui mérite qu'on l'approuve. J'aimois les lettres et je m'y plaisois et voilà tout.* » (Lettre de l'abbé de Rancé à l'abbé Nicaise. 16 avril 1692. — Bibl. nat. fr. 9363, f. 116, v°.)

« ..... *Ensuite, à l'occasion de mes estudes, je luy parlay* [à l'abbé de Rancé] *de l'Anacréon qu'il fit imprimer autrefois à l'âge de douze ans avec les scholies, il me dit qu'il avoit brulé tout ce qui luy en restoit d'exemplaires, qu'il n'en avoit gardé qu'un dans la bibliothèque et qu'il l'avoit donné à M. Pelisson lorsqu'il vint à la Trappe après sa conversion, non pas comme un bon livre, mais comme un livre fort propre et bien relié, que dans les deux premières années de sa retraitte, avant d'estre religieux, il avoit voulu relire les poetes, mais que cela ne faisoit que rappeler ses anciennes idées et qu'il y a dans cette lecture un poison subtil caché sous des fleurs qui est très dangereux et qu'enfin il avoit fallu quitter tout cela.* » (Voyage à la Trappe, 1691. — Bibliothèque de l'Arsenal, ms. 3824, fol. 17.)

Comptes-rendus : *Klefekeri Bibliotheca eruditorum præcocium.....* Hambourg, 1717. in-12. p. 307. — *Jugement des savans.* T. V, part. I. Amsterdam, 1725. p. 310. — *Journal des savans,* juillet 1735. p. 360. « *Ce livre fut réimprimé au même lieu et de la même forme en 1647. On n'y trouve d'un bout à l'autre aucun mot de latin, excepté le lieu de l'impression, le nom et l'enseigne du libraire. »* — *Magasin encyclopédique ou Journal des sciences, des lettres et des arts, rédigé par A.-L. Millin. Ve année. Tome VI. Paris, 1799. p. 460-496.* Art. signé Chardon La Rochette, et à part, 39 p. in-8o. « *On lit dans la vie de Rancé par Meaupeou, p. 26 du 1er vol. :* Cette édition parut in-8o à Paris en 1639 et il s'en fit une seconde qui fut imprimée chez Dugast, rue S.-Jacques, en 1647. *Je n'ai pu me procurer aucun exemplaire de cette seconde édition, mais je suis persuadé qu'elle n'est autre que celle de 1639 dont on aura rafraîchi le frontispice sur les exemplaires restans, en y changeant l'adresse du libraire qui, de la rue S.-Jean-de-Beauvais, étoit allé s'établir dans la rue S.-Jacques, et si les exemplaires qui portent cette seconde date sont aujourd'hui plus rares que les autres, c'est que l'abbé de Rancé, après sa conversion, supprima ce qui restoit d'exemplaires. »* Cette édition de 1647, si elle a jamais existé, est introuvable, en effet, et nous n'avons pu mettre la main dessus. Le compte-rendu de Chardon La Rochette, l'un des meilleurs, contient la traduction française de la dédicace à Richelieu et une biographie de l'abbé de Rancé. — *Addition à la notice de l'Anacréon de l'abbé de Rancé. Magasin encyclopédique. VIIe année. Tome II. 1801.* p. 193-203. M. Chardon La Rochette signale un exemplaire qui est en sa possession dont le titre diffère quelque peu des autres ; il y a Ιωαννου Αρμανδου au lieu de Αρμανδου Ιωαννου. La dédicace également est modifiée, c'est celle qui fut traduite en latin par dom Gervaise [dans son *jugement critique, mais équitable, des vies de feu M. l'abbé de la Trappe..... Londres,* 1742]

Cat. Bibliotheca Fayana. Paris, 1725. 2 l. — Cat. Bibl. comitis de Hoym. Paris, 1738. 8 l. 19 s. mar. r. — Cat. de Boze. Paris, 1753. 36 l. mar. r. — Cat. Gaignat. Paris, 1769. 12 l. mar. bl. « *exemplum elegans et nitidum* ». — Catalogue des livres rares et précieux composant la bibliothèque de feu M. Jacques-Charles Brunet. Avril 1868, no 181. 955 fr. Exemplaire réglé, mar. r. doré en plein au pointillé, tr. dor. (Le Gascon). *Le titre de cet exemplaire porte deux signatures très recommandables, savoir celle de Philippe (de Cospeau ou Cospeau), évêque et comte de Lisieux, à qui le jeune éditeur aura offert son livre, revêtu de cette riche reliure, un des chefs d'œuvre de Le Gascon, et celle de Chardon de La Rochette.... Ce même exemplaire, ayant été soustrait à Chardon de la Rochette par un certain J..., fut vendu à M. Renouard, à la vente duquel je l'ai acheté au prix de 190 fr. sans les frais. »* (Note de M. Brunet). — Catalogue des livres précieux, mss. et imp. faisant partie de la biblioth. de M. Amb. Firmin Didot. Vente du 10 au 14 juin 1884. Paris, 1884. Théologie, jurisprudence, sciences, arts, beaux-arts. p. 133. no 306. 35 fr. veau jaspé, anc. rel.

359. — Le même. — *Anacreontis editio altera cum novis versio-*

nibus, scholiis et notis. Londini, excudebat Gulielmus Bowyer, 1740. in-4º.

> Cette édition contient les Σχολια Ιωαννου Αρμανδου Βουθιλλιηριου, p. 56, et la dédicace à Richelieu, p. 84.

> Une précédente édition de Londres, 1725, les donnait également. A la suite se trouve un chapitre *Observationum in Anacreontem ipsiusque latinas versiones et græca Bouthillierii scholia*, p. 86 (édit. 1740).

360. — [Le même.] — *Constitutions de l'abbaye de la Trappe.* Paris, M. Lepetit, 1671. in-12.

> Cat. Boissier. Paris, 1725. 13 s. — Cat. Secousse. Paris, 1755. 1 l.

> Exemplaire : Bibliothèque Nationale : Ld¹⁷ 174.

361. — [Le même.] — *Constitutions de l'abbaye de la Trappe.* Bruxelles, 1674. in-12.

> Voir le nº 142, édition de 1683.

362. — [Le même.] — *Constitutions de l'abbaye de Notre-Dame de la Trappe.* A Paris, chez Guillaume Desprez, 1688. in-16.

363. — [Le même.] — *Constitutions de l'abbaye de la Trappe avec des réflexions. Toisième édition.* A Brusselles, chez Lambert-Marchant, 1702. in-12.

364. — [Le même.] — *Les reglemens de l'abbaye de Nostre-Dame de la Trappe, en forme de constitutions.* A Paris, chez Estienne Michallet, 1690. in-12.

> Exemplaire : Bibliothèque nationale, Ld¹⁷ 175.

365. — [Le même.] — *Les reglemens de l'abbaye de Nostre-Dame de la Trappe, en forme de Constitutions, qui contiennent les exercices et la manière de vivre des religieux.* A Paris, chez Florentin et Pierre Delaulne, 1698. in-12.

> Cat. Boissier. Paris, 1725. 13 s.

366. — Le même. — *Reglemens généraux pour l'abbaye de N.-D. de la Trappe, par le R. P. dom Armand-Jean Bouthillier de Rancé, abbé régulier et réformateur du monastère de la Trappe, de l'Etroite Observance de Cisteaux.* A Paris, chez F. Muguet, 1701. in-12.

> Cat. Boissier. Paris, 1725. 2 l. 11 s. — Cat. Secousse. Paris, 1755. 3 l.

> Exemplaire : Bibliothèque Nationale : Ld¹⁷ 176.

367. — [Le même.] — *Réglemens de l'abbaye de Nôtre-Dame de la Trappe en forme de constitutions avec des réflexions, et la carte de visite faite à N.-D. des Clairets, par le*

R. P. abbé de la Trappe. A Paris, chez Florentin Delaulne,
1718. in-12.

> Ce volume comprend :
>
> *Cartes de visite faites par le très révérend abbé de Notre-
> Dame de Prières* [Frère Hervé du Tertre] *en l'année 1676
> et 1668* [au monastère de la Trappe]. p. 108. Ces deux cartes
> ont été publiées également par D. Malachie d'Inguimbert dans sa
> *Vita Di Arm. Giov. Le B. di Ranse.* Roma, 1725. p. 654.
>
> *Carte de visite faite à l'abbaye de N.-Dame des Clairets par
> le R. P. abbé de la Trappe.* p. 150.
>
> *Réflexions sur les réglemens de l'abbaye de N.-D. de la
> Trappe, en forme de constitutions.* p. 165.
>
> Dans l'exemplaire que nous possédons on a relié à la suite la
> *relation contenant la description de la Trappe* [par le
> R. P. Desmares]. Paris, 1703.
>
> Exemplaires : Bibliothèque Nationale : Ld17 177. — Biblio-
> thèque de l'Arsenal. H. 13398 bis.

368. — Le même. — *Règlemens de la Maison-Dieu de Notre-
Dame de la Trappe, par M. l'abbé de Rancé, son digne
réformateur, mis en nouvel ordre et augmentés des Usages
particuliers de la Maison-Dieu de la Val-Sainte et N.-D. de
la Trappe, au canton de Fribourg, en Suisse....* A Fribourg,
en Suisse, chez Béat.-Louis Piller, 1794. 2 vol. in-4°.

369. — Le même. — *Requeste présentée au Roy par le révérend
abbé de la Trappe.* A Paris, chez Jacques Langlois fils, 1673.
8 p. in-4°.

> Cette requête, écrite pour la défense des privilèges de la
> Trappe et de sa réforme, a été reproduite par Louis Du Bois
> dans son *hist. civ. rel. et litt. de la Trappe.* Paris, 1824.
> p. 344-356.
>
> Exemplaire : Bibliothèque Nationale : F3 787. 17840.

370. — Le même. — *Requête présentée au Roi par le révérend
abbé de la Trappe. Requête présentée au Roi par les abbés,
prieurs et religieux de l'étroite observance de Cîteaux.
Extrait des registres du Conseil d'Etat (27 septembre 1673).*
Paris, J. Langlois fils, 1673. 13 p. in-4°.

> Exemplaire : Bibliothèque Nationale : Recueil Thoisy. Matières
> ecclésiastiques. In-4°. Tome XLV, fol. 167, et tome LI, fol. 108.

371. — [Le même.] — *Lettre d'un abbé régulier sur le sujet des
humiliations et autres pratiques de la religion.* Paris, Coignard, 1677. in-12.

> Cette lettre est adressée à M. Le Roy, abbé de Hautefontaine,
> en réponse à une lettre manuscrite de celui-ci intitulée : *Disser-
> tation si c'est une pratique légitime et sainte de mortifier et
> d'humilier les religieux par des fictions en leur attribuant des*

fautes qu'ils n'ont point commises ou des défauts qu'on ne voit point en eux.

Cat. Boissier. Paris, 1725. 5 s.

372. — Le même. — *Lettre du R. P. abbé de la Trappe à un ecclésiastique.* Rouen, chez Eustache Viret, 1677. in-12.

373. — [Le même.] — *Relations de la mort de quelques religieux de l'abbaye de la Trappe.* [Paris?] 1677, sans nom d'imp. in-12.

374. — [Le même.] — *Relation de la mort de quelques religieux de l'abbaye de la Trappe.* Paris, E. Michallet, 1678. in-12.

375. — [Le même.] — *Relations de la mort de quelques religieux de l'abbaye de la Trappe. Troisième édition.* A Paris, chez Estienne Michallet, 1683. in-12.

Les religieux dont il est question sont :
Frère Benoist Deschamps. p. 1.
Dom Charles Denis, prêtre de l'Oratoire. p. 35.
Dom Augustin Chapon. p. 85.
Dom Jacques Puiperron. p. 132.
Dom Urbain le Pennetier. p. 156.
Dom Paul Hardy, théologal d'Alet. p. 186.
Dom Benoist Pisseau. p. 207.
Frère Bernard Molac. p. 217.
Frère Euthymes Verolles. p. 230.
Frère Théodore de Faverolles. p. 239.
Dom Rigobert l'Evêque. p. 253.
Dom Claude d'Estre. p. 277.
L'abbé de Chastillon. p. 282.

A la suite est l'*Instruction sur la mort de dom Muce*, avec pagination spéciale (91 p.).

« *Le récit de la vie de D. Muce a esté lu de beaucoup de gens dans le sentiment que vous en avez eu, il y en a même qui en ont des impressions très fortes et très vives, il y en a aussy qui en ont pris occasion de dire que cela ne valloit pas la peine d'estre écrit, que je faisois trop parler de moy et que le party qui convenoit à un homme de ma profession estoit de me taire; pour le premier, ce n'est point moy qui ay fait imprimer la relation, comme il y en avoit des copies, on l'a donnée aux imprimeurs.*

« *Pour le second, je crois qu'ils ont raison et que je ferois bien de garder le silence, je n'auroy nulle peine à contenter ceux qui trouvent que je parle trop; vous n'estes pas de ceux-là, monsieur, parce que vous avez meilleure opinion de moy que je ne mérite.* » (Let. de l'abbé de Rancé à l'abbé Nicaise, 24 nov. 1690. B. N., fr. 9363, f. 95.)

« *La relation de la vie de D. Muce a l'approbation de tout ce qu'il y a de gens de bien dans le royaume, qui ont une*

véritable piété, elle a fait et fait encore des biens sans nombre, dans tous les endroits où elle est lue, elle se soutient par elle-même et après le jugement que le Roy en a porté, comme tout le monde le scait, je ne comprens pas qu'on puisse avoir la hardiesse de l'attaquer; pour ce qui est de moy, on en dira tout ce qu'on voudra; je me suis accoutumé depuis longtemps à souffrir en paix les impostures et les calomnies..... »
(Id., 18 juillet 1691. B. N., fr. 9363. f. 107, vo.)

Voir un libelle sous forme de lettre adressé à l'abbé de Rancé par le sieur Saint-Amand, grenadier, contre son ouvrage : *Instruction sur la mort de dom Muce.* (Archives des affaires étrangères. France. 431. fol. 93-142.)

Exemplaire : Bibliothèque de l'Arsenal, H. 13403 A, v. br., têtes de mort au dos.

Une partie de ces relations ont été jointes à la *description de l'abbaye de la Trappe avec les constitutions, les réflexions sur icelles... plusieurs lettres du R. P. abbé et une briève relation de l'abbaye de Sepfons,* dans une édition publiée à Lyon, chez Laurent Aubin, 1683. in-12. p. 193-324.

376. — [Le même.] — *Relation de la mort de quelques religieux de l'abbaye de la Trappe.* Paris, chez Florentin et Pierre Delaulne, 1696. 2 vol. in-12.

Compte-rendu : *Journal des savants,* mars 1697. p. 128.

377. — [Le même.] — *Relations de la mort de quelques religieux de l'abbaye de la Trappe.* A Paris, chez Florentin et Pierre Delaulne, 1696-1713. 5 vol. in-12.

Les deux premiers volumes sont de 1696, le 3e de 1704, le 4e de 1708 et le dernier de 1713.

Exemplaire : Bibliothèque de l'Arsenal, H. 13403, v. br., dos orné.

378. — Le même. — *Nouveau recueil des vies et mort de plusieurs religieux de l'abbaye de la Trappe et les réglemens d'icelle avec la carte de visite faite par le R. P. vicaire général et celle faite à l'abbaye de N.-D. des Clairets, par le R. P. abbé de la Trappe, divisé en trois parties.* A Trévoux, de l'imprimerie de Son Altesse Sérénissime Mgr Prince Souverain de Dombes, 1697. in-12.

379. — [Le même.] — *Relations de la mort de quelques religieux de l'abbaye de la Trappe. Nouvelle édition augmentée.* A Paris, chez Etienne Michallet et se vend à Brusselles, chez Lambert Marchand, 1702. in-12.

Cette édition contient en plus des *relations* et de l'*Instruction sur la mort de D. Muce,* publiées en 1683, les vies de :
Dom Zozime, Pierre Foisel, abbé de la Trappe. p. 171.
Frère Palémon, comte de Santena. p. 57 (2e partie).

Dom Abraham Beugnier. p. 131.

Frère Achille Albergotti. p. 166.

Dom Le Bouthillier de Rancé. p. 231.

A la suite se trouvent les *Constitutions de l'abbaye de la Trappe avec des réflexions*. A Brusselles, chez Lambert-Marchand, 1702, avec pagination spéciale.

Cat. Baillieu. Paris, 1892. 6 fr.

380. — [Le même.] — *Relations de la vie et de la mort de quelques religieux de l'abbaye de la Trappe*. A Paris, chez Florentin Delaulne, 1717. 5 vol. in-12.

Cette édition est précédée d'une préface qui a pour titre : *Raisons qui doivent porter à embrasser le parti de la retraite* et d'un *éloge de l'abbaye de la Trappe*.

Les *relations* ajoutées sont celles de :

Frère Albéric Ier, Gillet de Berville. I, 217.

Dom Arsène Ier, Claude Cordon. I, 228.

Frère Dorothée, François Carret. I, 261.

Frère Euthyme II, Pierre Fourdaine. I, 280.

Dom Paul II, François Ferrand de Grandmaison. I, 303.

Frère Euthyme III, Jean l'Epinoy. II, 1.

Dom Basile, Nicolas Marteau, II, 55.

Dom Isidore, Honoré Simon. II, 92.

Dom Dorothée II, Jean Colas. II, 175.

Dom Bernard II, Eloy le Mosle. II, 219.

Dom Joseph, Louis Garreau. II, 253.

Dom Bruno, François le Digne. II, 279.

Frère Joseph II, Arnauld de la Filolie. II, 315.

Frère Pierre Durant. II, 355.

Dom Albéric II, N. Godinot. III, 1.

Dom Dorothée, Jean-Baptiste de Vitry. III, 34.

Frère Bernard II, Louis Michel. III, 57.

Dom Isidore II, Blaise Tissu. III, 89.

Frère Basile, Claude Auzoux. III, 2e partie, 1.

Dom Ephrem, Julien Gobard. III, 2e partie, 80.

Frère Dositée, Pierre le Roy. III, 2e partie, 140.

Frère Zénon, le Chevalier de Monthel. III, 2e partie, 169.

Frère Arcise, N. Maubert. IV, 1. (Une relation manuscrite de cette vie se trouve à la bibliothèque d'Orléans. 650, anc. 477 ter, f. 327.)

Dom Maur II, Pierre Mouchin. IV, 209.

Frère Alexis, Robert Greme. IV, pag. spéciale.

Les tomes II, III et IV portent la date de 1716.

Le tome V porte la date de 1718 et contient l'*Instruction sur la mort du frère Jean Climaque, Alexandre-Claude Bosc du Bois*.

A la suite on a relié les deux relations suivantes, éditées à part :

Relation de la vie et de la mort du frère Albéric, religieux de la Trappe, nommé dans le monde Jean-Baptiste de Sainte-Colombe d'Oupia. A Paris, chez Florentin Delaulne, 1705.

Relation de la vie et de la mort du F. Arsène de Janson, religieux de la Trappe, nommé dans le monde le comte de Rosemberg, traduite de l'italien. A Paris, chez Florentin Delaulne, 1722. Voir les nᵒˢ 24, 25 et 26.

381. — [Le même.] — *Relations de la vie et de la mort de quelques religieux de l'abbaye de la Trappe. Nouvelle édition, augmentée de plusieurs vies qui n'avoient pas encore paru, avec une description abrégée de cette abbaye.* A Paris, chez Guillaume Desprez, 1755. 5 vol. in-12.

Cette édition, la plus complète, contient, outre les précédentes, les relations de :

Frère Moyse, Jean Picault de Ligré. III, 294,
Dom Bernard Mullet. IV, 1.
Dom Pierre Le Nain. IV, 81-277.
Frère Colomban, Adrien Damiannay. IV, 334,
Frère Jean-Bernard Himbert. V, 1.
Frère Anthoine, Anne de Perthuis. V, 19.
Frère Dorothée, François Jacob. V, 45.
Frère Basile, Philippes-Luc Ogier. V, 123.
Frère François, Louis Lottin de Charny. V, 189.

A la fin du dernier volume se trouve la *liste des religieux de chœur et convers qui sont morts à la Trappe depuis le commencement de la Réforme jusqu'à présent; recueillie par les soins de M. le Chevalier d'Espoy.* p. 275.

La *description de l'abbaye de la Trappe,* [par le P. Desmares]. p. 329.

Et la *relation d'un voyage fait à la Trappe contenant la description de cette maison.* p. 391.

Cette dernière relation existe manuscrite à la Bibliothèque de l'Arsenal, 3824. Elle est attribuée, mais sans preuves suffisantes, à l'abbé d'Effiat.

Comptes-rendus : *L'année littéraire, par M. Fréron.* 1755, tome V, p. 99 à 117. — *Journal historique sur les matières du temps.* Sept. 1755, p. 171.

Cat. abbé Aubry. Paris, 1785. 7 l. — Baillieu. 1892. 20 fr.

Exemplaires : Bibliothèque de l'Arsenal, H. 13402, v. marbr., dos orné, et H. 13402ᵃ, v. fauve, dos orné, notes manuscrites sur un feuillet.

382. — [Le même.] — *Relation de la vie et de la mort de quelques religieux de l'abbaye de la Trappe. Nouvelle édition, augmentée de plusieurs vies qui n'avoient pas encore paru; avec une description abrégée de cette abbaye.* A Paris, chez G. Desprez, 1758. 4 vol. in-12.

Cette édition est identique à la précédente.

383. — [Le même.] — *I Prodigi della Grazia espressi nella
conversione di alcuni grandi peccatori morti da veri penitenti
nel monastero della Trappa della stretta osservanga cisterciense. Opera trasportata della lingua franceze nell' italiana
da un monaco di Buonsollazzo et dedicata a peccatori.* In
Firenze, nella stamperia di S. A. R. per I. Guiducci e Santi
Franchi, 1715. 2 in-12.

> « *Tutta l'opera abbracia XVIII narrazioni. Le prime XIV
> hanno per autore l'abate D. A. di Rancé. Due altre ne furono
> scritte da fre Engenio Binard, monaco della stessa riforma.
> Le due instruzioni sopra la morte di fra Giovanni Climaco
> già Claudio Bosa, furono fatte da don Doroteo Lespine, maestro
> de' Novizi nell' anno 1703. A tutte le XVIII narrazioni
> succede in ultimo luogo il compendio della vita di fra Arsenio
> di Gianso, il qual compendio ha per autore il P. Daria, che è
> auche il traduttore della suddette narrazioni. Tale compendio
> fu tradotto in francese da Antonio Lancelot, e stampato in
> Parigi l'anno 1711, in-12o.* » (Dizionario di opere anonime e
> pseudonime di scrittori italiani..... II, p. 203.) Voir no 26.

> Exemplaire : Bibliothèque Nationale, rel. veau vert aux armes
> royales de France.

384. — [Le même.] — *Relation de la vie et de la mort de Frère
Palemon, religieux de l'abbaye de la Trappe, nommé dans
le monde le comte de Santena.* A Paris, chez Elie Josset,
1695. in-12 de 122 p.

> Compte-rendu : *Journal de scavans*, août 1695. p. 361.

> Cat. Secousse. Paris, 1755. 10 s. — Cat. Labitte. Paris, 1889.
> 4 fr.

> Exemplaire : Bibliothèque de l'Arsenal, H. 13403 bis 2, veau
> br. jans.

> Cette vie a été imprimée avec les relations précédentes,
> édit. 1702, p. 57. — 1716, III, 69. — 1755, II, 172. — 1758,
> II, 56.

385. — [Le même.] — *Relation de la vie et de la mort de Frère
Palemon, religieux de l'abbaye de la Trappe, nommé dans
le monde le comte de Santena ; seconde édition.* A Paris,
chez Guillaume Cavelier fils, 1712. in-12 de 125 p.

386. — Le même. — *Lettre de M. l'abbé de la Trape à M. le
maréchal de Bellefond. Ce 30 novembre 1678.* A Grenoble,
chez François Provensal, 1679. 24 p. in-18.

> Sans titre, l'indication du lieu de l'impression, de la date et
> du nom de l'imprimeur se trouve à la fin.

> La lettre débute ainsi : « *Il ne faut point douter, Mgr, que la
> main de Dieu ne vous soutienne dans les lieux où Sa Provi-
> dence vous engage.....* »

Marsollier la publia dans la *Vie de Rancé*, 1703, II, 63, et M. Gonod la réimprima dans ses *lettres de Rancé*, p. 360.

Il en existe un grand nombre de copies manuscrites que nous signalerons plus tard.

Exemplaire : Bibliothèque Nationale, invent. D 12055, D 1106.

387. — Le même. — *Lettre de Monsieur l'abbé de la Trape à Monsieur le maréchal de Bellefons.* S. l. n. d. 4 p. in-4°.

Même lettre que la précédente.

Exemplaire : Bibliothèque Mazarine, A. 15425, pièce 5.

388. — [Le même.] — *De la sainteté et des devoirs de la vie monastique.* Paris, chez François Muguet, 1683. in-4°.

« *Vers l'an 1683 parut le* Traité de la sainteté des devoirs de la vie monastique. *Nous en devons la publication au zèle de Bossuet; voici à quelle occasion. L'abbé réformateur ayant composé ce bel ouvrage pour l'édification de ses religieux uniquement, sans arrière-pensée, le communiqua à un ami pour savoir de lui s'il avait traité le sujet convenablement. Celui-ci en tira plusieurs copies qu'il fit circuler. Contrarié de cette indiscrétion, l'abbé s'en plaignit amèrement et se mit en devoir de jeter le manuscrit au feu. Bossuet, présent à la conversation, sourit, lui disant qu'il pouvait brûler ses papiers et que pourtant le livre serait publié malgré lui, parce qu'il le voulait ainsi et qu'il en possédait une copie. Il fallut céder; le grand évêque se chargea lui-même d'en surveiller l'impression, tant il y attachait d'importance.* » (La Trappe, origine, esprit... par un trappiste de Sept-Fons. Paris, 1870. p. 148.) Voir : *La vie de Rancé, par le P. Le Nain.* Paris, 1719. I, 207.

« *C'est une espèce de recueil des instructions qu'il donnoit à ses religieux lorsqu'il tenoit le chapitre. Le stile cependant n'est pas si figuré que celui des sermons, ni même autant que l'estoit celui de ses exhortations, qui étoit vif et touchant; mais ce qui manque à la grande éloquence qui ne convient pas à un ouvrage dogmatique, qui n'est fait que pour être lû, est récompensé par une élégance, un tour et une manière d'écrire dont peu de gens ont approché.* » (Marsollier, *Vie de Rancé*. 1703. II, 101,)

« *Je vins ensuite à son ouvrage au mérite duquel je luy dis qu'il ne manquoit rien que d'estre attaqué de tous costez comme il commençoit à l'estre des Chartreux; sur cela il me dit qu'il le scavoit aussy, que le plus animé de tous estoit dom Boisart qui est assez connu, que dom Marin, qui est dom prieur, luy avoit escrit sur cela fort civilement et que M. le Chancelier d'aujourd'huy luy avoit fait dire depuis peu par M. Félibien qu'il avoit refusé le privilège à trois critiques de sa vie monastique, l'une qu'on attribuoit à M. Tiers dont il a sujet de se plaindre parce qu'il a changé de sentiment, l'autre d'un autheur incertain et la troisiesme qu'on croit estre du Père ouhours, ce que M. l'abbé dit qu'il a bien de la peine à croire,*

quoiqu'il la trouve bien escritte, mais il y a tant de faits absolument faux qu'il ne croit pas qu'un homme de communauté puisse faire des fautes si grossières. Il me dit qu'à la honte des catholiques, les protestans avoient mieux receu son livre qu'eux et qu'un fameux ministre de Genève luy avoit fait dire depuis quelque temps par M. Nicaise, chanoine de la Ste Chapelle de Dijon, qu'il estoit fort content de son ouvrage et qu'il y trouvoit la doctrine de l'Eglise dans toute sa pureté. »
(Voyage à la Trappe. 1691. Bibliothèque de l'Arsenal, 3824. f. 18.)

« ... l'ouvrage contient des maximes et des vérités qui sont peu connues dans nostre temps ou au moins dont la pratique est presque généralement négligée et que si on ne s'estoit avisé de les tirer comme des ténèbres de l'oubly, elles se seroient entièrement effacées de la mémoire des hommes dans la suitte des temps. Comme Dieu me les a mises dans le cœur depuis qu'il m'a retiré du monde pour m'engager dans l'estat monastique, j'ay cru que je devois les faire passer dans celuy des personnes dont il m'avoit confié l'instruction et la conduite et mes intentions n'alloient pas plus loin qu'à les instruire et à former leurs mœurs selon les règles et les véritables principes. Dieu a permis que ce livre tombast entre les mains de M. l'évêque de Meaux qui sans s'arrester à mes inclinations et à mes résistances, à voulu qu'il devinst public, car pour moy qui suis parfaitement informé que les moines sont destinés au silence comme à la solitude, et que leurs bouches doivent estre incessamment fermées à l'esgard de tout ce qui est hors l'enceinte de leurs cloistres, je n'aurois eu garde de présumer d'ouvrir la mienne, joignant à cette raison générale la connoissance particulière que j'ay de mon incapacité et l'opposition que je me sens depuis ma retraitte à faire parler de moy dans le monde. Il sera malaisé qu'il ne se trouve des gens qui ne s'offencent de ce que j'ay dit; ma consolation est que je n'ay eu aucune envie de blesser personne, que je n'ay parlé que de nos devoirs et de nos obligations et qu'il y en aura, comme vous dites très bien, qui recevront la chose avec des dispositions contraires. ... » (Lettre de l'abbé de Rancé à M. l'abbé Nicaise. 30 mai 1683. — Bibl. Nat., fr. 9363, f. 10.)

« Pour moy, monsieur, il faudra de puissans motifs pour m'obliger de répondre autrement que par le silence à ceux qui attaqueront le livre de la vie monastique et, à moins qu'il ne paroisse visiblement que Dieu veuille que j'en sorte, il ne m'arrivera pas de faire un trait de plume pour soutenir les maximes que j'ay avancées, c'est, comme vous dites, la manière de toutes la plus injuste et la moins heureuse que de rendre injure pour injure; si ceux qui tiennent encore au monde sont capables de tomber dans ces sortes d'inconvéniens, il faut que ceux qui n'en sont plus ayent un grand soin de les éviter. »
(Lettre de l'abbé de Rancé à M. l'abbé Nicaise. 28 janv. 1684. — Bibl. Nat., fr. 9363, f. 15.)

« *Il est vray qu'on fait une troisième édition du livre de la vie monastique où j'ay corrigé et augmenté quelque chose; il ne manque pas de gens qui le censurent, mais il n'a encore rien paru qui l'ait attaqué; j'admire le jugement qu'en porte un protestant et tout ensemble celuy que forment quelques catoliques, cela est autant à la gloire de l'un qu'à la honte et à la confusion des autres. Le principal est que Dieu en soit content et qu'il y ait des âmes véritablement chrestiennes qui y trouvent leur conte et leur consolation.* » (Id. 2 août 1684. — Bibl. Nat., fr. 9363, f. 17.)

Compte-rendu : *Journal des scavans.* Mai 1683. p. 109.

Cat. Boissier. Paris, 1725. 6 l. — Bibliotheca Colbertina. Paris, 1728. 25 l. — Cat. abbé d'Orléans de Rothelin. Paris, 1746. 18 l.

Exemplaires : Bibliothèque de Versailles, 644[b], g. F. A. — Bibliothèque de l'Arsenal, T. 5237. Sur la première page on lit cette ancienne note manuscrite : « *Ce livre très bon, bien écrit et très édiffiant, n'est cependant pas fait pour être lu par les gens du monde, si on excepte quelques articles curieux qui sont relevés et discutés dans le troisième volume et dans lequel sont traitées des questions qui ont partagé et occupé les savants et qui peuvent amuser, telles que la question de savoir si la règle de saint Benoist permet de manger des oiseaux, quelle étoit la mesure de vin qu'il permettoit à ses moines et enfin la belle question des études monastiques qui a été élevée d'après ce livre-ci.*

« *Cet ouvrage est du fameux abbé de Rancé, réformateur de la Trappe. Ce livre a occasionné bien des critiques; les bénédictins et les chartreux s'élevèrent contre. Dom Le Masson, général des Chartreux, vit que les chartreux les plus zélés vouloient déserter la Chartreuse pour la Trappe et fit un livre exprès pour les rassurer. Ce livre est très rare. Ceux des bénédictins sont plus communs. L'abbé de Rancé répliqua aux chartreux et aux bénédictins; l'on trouvera sa réplique après ce livre-même. Dom de Sainte-Marthe, de la Congrégation de saint Maur, écrivit cruellement contre l'abbé de Rancé. Dom Mabillon fut plus modéré.* »

389. — [Le même.] — *De la sainteté et des devoirs de la vie monastique, seconde édition, reveüe et augmentée.* A Paris, chez François Muguet, 1683. 2 vol. in-12.

Cat. Techener. Paris, 1894. Mar. r. dos orné, tr. dor., aux armes de Mgr Harlay de Chanvallon, archevêque de Paris. 150 fr.

Exemplaire : Bibliothèque de l'Arsenal, T. 5237.

390. — Le même. — *De la sainteté et des devoirs de la vie monastique par le R. P. abbé de la Trappe. Seconde édition.* A Paris et se vend à Bruxelles chez Eugène-Henry Fricx, s. d. 2 vol. in-12.

391. — [Le même.] — *De la sainteté et des devoirs de la vie monastique. Troisième édition, reveue, corrigée et augmentée.* A Paris, chez François Muguet, 1684. 2 vol. in-12.

>Cat. Bellanger. Paris, 1740. 6 l. Mar. noir.
>Exemplaire : Bibliothèque de l'Arsenal, T. 5238.

392. — [Le même.] — *De la sainteté et des devoirs de la vie monastique. Nouvelle édition, reveue, corrigée et augmentée par l'auteur.* A Paris, chez François Muguet, 1701. 2 vol. in-12.

393. — [Le même.] — *La Theologia del chiostro, overo la santita e le obligazioni della vita monastica. Opera composta e publicata da un abbate dell' ordine cisterciense. Alla santita di nostro signore papa Clemente XII.* Roma, 1731. 2 gr. in-4°.

>Traduction de dom Malachie d'Inguimbert. Voir n°s 229 à 232.

394. — Le même. — *De la sainteté et des devoirs de la vie monastique par le R. P. Dom A. I. Le Bouthillier de Rancé, abbé de la Trappe.* Paris, chez Benjamin Duprat, 1846. in-8°.

395. — [Le même.] — *Eclaircissemens de quelques difficultez que l'on a formées sur le livre de la sainteté et des devoirs de la vie monastique.* A Paris, chez Fr. Muguet, 1685. in-4°.

>Compte-rendu : *Journal des scavans*, sept. 1685. p. 331.
>Cat. abbé d'Orléans de Rothelin. Paris, 1746. 18 l. Mar. r.
>« *Je n'ay point cru, monseigneur, que les Eclaircissements que j'ai été obligé de donner fissent changer de sentiment à tous ceux qui ont formé des difficultés sur le livre de la vie monastique, mais bien qu'il y auroit des personnes qui seroient bien aise qu'on répondit aux raisons dont on avoit voulu se servir pour empêcher qu'elles n'en tirassent du fruit et de la consolation.* » (Lettre de l'abbé de Rancé au maréchal de Belfonds, s. d. — Arch. de la Grande-Trappe, copie, cahier n° 6 de la 2e série, lettre 235.)

396. — [Le même.] — *Eclaircissemens de quelques difficultez que l'on a formées sur le livre de la sainteté et des devoirs de la vie monastique. Seconde édition reveüe, corrigée et augmentée par l'autheur.* A Paris, chez François Muguet, 1686. in-12.

>En tête de la première page est une gravure représentant l'abbé de la Trappe au milieu de ses religieux. La première lettre qui est ornée a pour motif un trappiste lisant.
>Exemplaire : Bibliothèque de l'Arsenal. T. 5239 bis.

397. — Le même. — *Eclaircissements de quelques difficultés que l'on a formées sur le livre de la sainteté et des devoirs de la*

*vie monastique par le R. P. Dom A.-I. Le Bouthillier de
Rancé, abbé de la Trappe.* Paris, librairie de Sagnier et Bray
1847. in-8°.

398. — [Le même] — *Les instructions de saint Dorothée, père de
l'église grecque.* Paris, chez F. Muguet, 1686. in-8°.

> D'après Moréri, cet ouvrage ne devrait pas être attribué à
> l'abbé de Rancé. Cependant Dom Le Nain (Vie de Rancé. 1719. I
> 425) le classe parmi ses œuvres et nous devons avoir grande
> confiance en son opinion.
> Compte-rendu : *Journal des Savans*, déc. 1686. p. 346.
> Cat. Boissier. P. 1725. 1 l.

399. — Le même. — *Lettre de M. l'abbé de la Trape à un évêque
pour répondre aux plaintes et aux difficultez de Dom Innocent Masson, général des Chartreux au sujet des allégations
faites de leurs anciens statuts dans les livres de la Sainteté
et des devoirs de la Vie monastique.* 20 juillet 1689.

> Se trouve dans les *Nouvelles de la République des lettres*, par
> Jaques Bernard. Amsterdam, chez Pierre Mortier. Mai et juin
> 1710. p. 488-519 et 628-661. Voir le numéro 232.

400. — [Le même.] — *La règle de Saint Benoist, traduite et
expliquée selon son véritable esprit, par l'auteur des devoirs
de la vie monastique.* Paris, chez François Muguet, 1689.
2 in-4°.

> « *Je n'ai entrepris l'ouvrage qui fait murmurer tant de gens
> que sur les instances pressantes que m'en ont faites des per-
> sonnes de piété et particulièrement des abbés, des visiteurs et
> des vicaires généraux de nostre observance. L'un d'entre eux
> quelques temps avant sa mort me manda qu'il estimoit que
> Dieu demandoit de moi que je m'appliquasse à cet ouvrage et
> qu'il croioit que je devois rendre ce service-là à tout nostre
> ordre. Je n'y consentis pas d'abord, mais après avoir longtemps
> délibéré, je me déterminai à faire ce qu'on désiroit de moi.....
> Je commençai donc cette explication et l'aiant finie après un
> travail d'environ trois mois, je la fis voir par des gens très
> capables d'en juger qui m'en parlèrent d'une manière si avan-
> tageuse que j'en fus surpris. M. de Meaux entre autres me
> manda qu'il la trouvoit merveilleuse en tous les endroits, qu'elle
> seroit très utile au public et qu'elle lui avoit parue encore plus
> pressante que les livres de la Vie monastique ; je la laissai entre
> les mains de M. Maine qui la mit entre celles du P. de... et
> peu de tems après, j'appris qu'il avoit traitté avec Josse et
> Muguet pour le prix de 600 louis d'or. Mon premier mouve-
> ment alla à rejeter la proposition mais m'étant souvenu que
> des gens plus sages que moi m'avoient fait un grand scrupule
> de ce que j'avois jusqu'ici travaillé pour la cupidité des libraires,
> que je sacrifiois mon travail et ma peine à leur avarice et qu'il*

y avoit plus de charité et de justice à ménager quelque chose pour donner du pain et de l'eau à mes frères qui en manqueroient après ma mort, je changeai d'avis et au lieu de suivre entièrement celui que l'on m'avoit donné, je me résolus d'employer cet argent pour les pauvres et de faire un établissement certain d'un maitre et d'une maitresse d'école dans un lieu où les garçons et les jeunes filles n'ont pas plus d'instruction que dans un pais barbare. Je le proposai à nos frères qui approuvèrent mon dessein ; dans ce sens-là même nous promimes 500 écus pour fonder une de ces écoles et le reste à une destination toute semblable.

« *Il y a quelques mois que j'appris que les Josses vouloient survendre le livre et prenoient pour prétexte qu'on leur avoit tenue la main trop haute, d'abord je leur fis remettre 300 louis d'or et je désirai en même tems que M. Maisne les obligeat a regler le prix du livre à 9 francs au lieu de 12 livres 10 sols qu'ils les vouloient vendre.* » (Let. de l'abbé de Rancé à un de ses amis. s. d. copie arch. de la Grande Trappe. Cahier no 2 de la 2e série, fo 119.)

Compte-rendu : *Journal des scavans.* Mai 1689. p. 183.

Cat. Boissier. P. 1725. 5 l. — Cat. abbé d'Orléans de Rothelin. P. 1746. 4 l. 1 s.

401. — [Le même]. — *La règle de Saint Benoist nouvellement traduite et expliquée selon son véritable esprit par l'auteur des devoirs de la vie monastique.* Paris, chez la veuve François Muguet, 1703. 2 in-12.

402. — Le même. — *La règle de Saint Benoit traduite par Monsieur l'abé de la Trappe.* A Brusselle, chez François Foppens, 1704. in-12.

En tête, gravure représentant des religieux de la Trappe offrant à leur abbé la règle de saint Benoit.

403. — Le même. — *Des hochwurdigen und gottseligen Herrn Armandi Joannis de Rance, abbtens und reformators des Closters U. L. Frauen zu La Trappe, Cistercienser Ordens, Auslegung der regul des heil. Benedicti nach dem vahren Geist, das ist, nach der eigentlichen Meinung dises heiligen Vatters, aus dem frantzosischen ins deutsche ubersetzt durch einen priester Ord. S. Benedicti, cum licentia et permissu superiorum.* Augspurg, verlegts Matthaus Rieger buchhandler, 1753. in-4o.

404. — Le même. — *Carte de visite faite à l'abbaye de N-Dame des Clairets par le révérend père abbé de la Trappe, le seiziesme février 1690.* A Paris, chez François Muguet, 1690. in-12.

A la suite se trouve l'*Instruction sur la mort de dom Muce,* religieux de l'abbaye de la Trappe. A Paris, chez François Muguet, 1690. in-12. Cette instruction se trouve aussi dans la relation de la vie et de la mort de quelques religieux de la Trappe. Paris, 1683, pag. spéc. — Paris, 1702, paginat. spéc. — Paris, 1716. II. 107. — Paris, 1755. I. 314. — Exemplaire : Bibl. de l'Arsenal. H 13507-75.

Compte-rendu : *Journal des scavans*, déc. 1690. p. 473.

Exemplaires : Bibl. de l'Arsenal. H. 13401 bis, aux armes du comte de Toulouse, chaque page encadrée d'un filet rouge, rel. mar. olive, fil. dor., intér. mar. r. avec dent. et armes au centre, tr. dor. — H. 13401 bis a, exemplaire provenant de la bibliothèque de Saint-Denis en France, rel. veau ant.

Cat. Boissier, 1725. 6 s.

La carte de visite se trouve aussi à la suite des *réglements de l'abbaye de la Trappe*. P. 1718, p. 150, précédée de deux *exhortations faites aux Clairets par le R. P. abbé de la Trappe à l'ouverture et à la clôture de la visite régulière.*

405. — Le même. — *Réponse au traité des études monastiques par M. l'abbé de la Trappe.* Paris, chez François Muguet, 1692. in-4°.

     « *Je vois, Mr, par les lettres que vous avez pris la peine de m'écrire comme quoy la réponse au P. M[abillon] fait beaucoup de bruit et que si elle trouve des approbateurs, elle ne manque point de censures et de critiques ; dans le fond je n'ay voulu blesser personne et je n'ay eu dessein que d'establir une vérité qui m'a paru importante pour la gloire de l'estat monastique, pour empescher qu'on ne s'en fist de pauvres idées et qu'on ne lui ôtast ce qu'elle a de plus beau et de plus éclattant, je veux dire sa sainteté et sa simplicité tout ensemble.*

     « *Cependant je ne pensois pas que la chose dust faire des impressions si profondes sur les moines qui ne sont pas de mon avis et la peine que je leur ay faite sans en avoir envie, m'en fait beaucoup à moy-même. Je prie Dieu qu'il guérisse la blessure et qu'il calme les mouvemens où on me mande qu'ils sont, je souhaite qu'ils ne me donnent pas lieu de soutenir ce que j'ay avancé ; il faut pour cela qu'ils disent bien des choses qui m'y obligent et que j'y sois forcé pour rompre le silence une seconde fois. J'ay fait ce que j'ay pu pour garder les règles d'une juste modération, il ne m'a pas ce me semble échappé une parole piquante, j'ay témoigné beaucoup de considération pour celuy dont j'examinois l'ouvrage; pour les raisons, je les ay mises dans leur force autant que j'ay pu... On ne fait point d'attention qu'un des approbateurs du traitté des études me traitte de novateur et d'homme qui enseigne des opinions erronées et je n'ay pu mieux me justifier qu'en prouvant que je n'avois rien écrit qui ne fust conforme aux sentimens et à la conduite des saints...* » (Let. de l'abbé de Rancé à M. Nicaise. 30 mars 1696. B. nat. fr. 9363, f° 114.)

En 1694, on publia, à Dijon pensons-nous, un livre qui devait contenir de violentes attaques contre la personne de l'abbé de Rancé et qui avait pour titre : « *Guillelmus a Sante amore heresiarcha redivivus in persona Armandi Joannis de Trappa.* »

Ce livre, écrivait de Rancé à l'abbé de Nicaise (11 fév. 1694), *comme vous le voiez par le titre est remply de calomnies atroces, je ne l'ay point vu, un religieux qui est passé par icy l'a vu à Citeaux et m'a dit qu'on le donnoit sous le manteau dans Dijon. Vous m'obligerez de vous en informer et de me faire scavoir ce qu'on vous en apprendra.* » (B. nat. f° 9363, p. 188).

L'auteur fait de l'abbé de Rancé un nouveau Guillaume de Saint-Amour, herésiarque du XIIIe s. dont les œuvres furent brûlées publiquement. L'injure et la calomnie étaient si fortes que les exemplaires en durent être supprimés. Nous n'avons pu en effet en rencontrer un seul.

Compte-rendu : *Journal des scavans*, avril 1692, p. 163 et 169.

Exemplaires : Bibliothèque de l'Arsenal. T. 5241. « *Oratorii Agathensis ex dono illustrissimi et reverendissimi d. d. Ludovici Foucquet episcopi Agathensis.* » — Bibliothèque de Versailles, U.11, exemplaire provenant de la bibliothèque particulière de S. E. le cardinal Maury, avec son ex. libris., mar. r.

Cat. Boissier. P. 1725. 4 l. — Abbé d'Orléans de Rothelin. P. 1746. 4 l.

406. — Le même. — *Lettres écrites par J. B. Bossuet, évêque de Meaux, par Arm. J. le Bouthillier de Rancey, abbé de la Trappe et par M***, pour servir de réputation aux bruits que les religionnaires ont répandus touchant la mort de M. Pélisson.* Toulouse, 1693. in-4°.

Ce recueil, indiqué par le P. Lelong (Bibl. hist. de la France. III. 32762) et qui aurait été donné au public par Simon de la Loubère, de l'académie françoise, auteur de la troisième lettre, est absolument introuvable.

407. — [Le même.] — *Instructions sur les principaux sujets de la piété et de la morale chrétienne.* Paris, chez François Muguet, 1693. in-12.

Compte-rendu : *Journal des scavans*, déc. 1693. p. 496.

Cat. Boissier, 1725. 1 l.

408. — [Le même.] — *Relation de la vie et de la mort de frère Palemon, religieux de l'abbaye de la Trappe, nommé dans le monde le comte de Santena.* Paris, Josse, 1695. in-12.

« Je scus seulement d'hier, Mr, que la relation du f. Palémon estoit imprimée par quelques exemplaires qu'on m'en envoia. Vous voulez bien que je vous témoigne ma reconnoissance de l'approbation que vous y avez donnée, elle ne pouvoit estre plus juste, plus précise ni plus édifiante tout ensemble. Je m'attens bien que ce récit tout petit qu'il soit, trouvera des censeurs. »

(Let. de l'abbé de Rancé à M. Gerbais. 12 juin 1695. Bibl. Arsenal, 5172, f° 132.)

> « *Il y a deux jours qu'on nous a lu icy au réfectoire la vie de f. Palémon, autrefois M^r le comte de Santena. Il y avoit dix ecclesiastiques à table dans l'esprit desquels cette lecture excita des mouvemens de piété si effectifs qu'il y en eut qui prirent des résolutions d'aller à la Trappe, d'autres de se faire Char- treux ; d'autres en furent si touchés de componction qu'ils ne purent retenir leurs larmes et en général elle eut sur tous tant que nous estions cet effet de nous faire louer et remercier Dieu qui a voulu donner de nos jours un exemple si signalé de la grandeur de sa miséricorde et de la toute puissance de sa grâce.* » (Let. de M. Delaquère à l'abbé de Rancé, 2 novembre 1695. Bibl. Arsenal. 5172, f° 172, copie.)

409 — [Le même.] — *Même ouvrage, même titre, seconde édition.* Paris, en la boutique d'Elie Josset, chez Guillaume Cavelier, fils, 1712. in-12.

410. — [Le même.] — *Divers sentiments de piété.* Paris, Dezallier, 1696. in-12.

411. — Le même. — *Conduite chrétienne adressée à Son Altesse royalle madame de Guise par le R. P. Dom Armand Jean, ancien abbé de la maison Dieu Nostre Dame de la Trappe.* A Paris, chez Denis Mariette, 1697. in-12.

> Compte-rendu : *Journal des scavans*, juin 1698. p. 250.
> « *Feue Mme de Guise, ayant souhaité que M. de la Trape lui dit ses sentiments sur la conduite qu'elle devoit tenir dans le désir qu'elle avoit de servir Dieu, il s'en excusa plusieurs fois dans la pensée que caché dans sa solitude, il devoit se borner à l'instruction de ceux qui étoient engagés dans la même profes- sion que lui. Mais les pressantes instances de cette princesse l'obligèrent à passer sur ces considérations et à céder à la nécessité qui lui étoit imposée...* »

412. — Le même. — *Conduite chrétienne adressée à Son Altesse royalle Madame de Guise par le R. P. dom Armand Jean, ancien abbé de la Maison Dieu Nostre Dame de la Trappe.* A Paris, chez Florentin et Pierre Delaulne, 1697. in-12.

413. — Le même. — *Même ouvrage, même titre, nouvelle édition.* A Paris, chez Florentin-Delaulne, 1703. in-12.

414. — Le même. — *Maximes chrétiennes et morales par le R. P. dom Armand Jean, ancien abbé de la Maison Dieu Nostre Dame de la Trappe.* A Paris, chez Florentin et Pierre Delaulne, 1698, 2 in-12.

> Compte-rendu : *Journal des scavans*, mars 1698. p. 107.
> Cat. Bellanger. P. 1740, 7 l. 1 s.

M. l'abbé Dubois signale une édition de Delft, 1699, chez Henri Van Rhyn. pet. in-12, en deux parties.

415. — Le même. — *Même ouvrage, même titre, 2ᵉ édition.* A Paris, chez Florentin et Pierre Delaulne, 1702. 2 in-12.

416. — Le même. — *Reglemens pour les filles de la doctrine chrétienne de la ville de Mortagne, faits par le R. P. Armand Jean de Rancé, ancien abbé de la Trappe et approuvés par Monseigneur Savary, évêque de Sées, le 1 de mai 1697.* A Paris, chez Florentin et Pierre Delaulne, 1698. in-16 de 47 p.

> Exemplaire : Bibliothèque Mazarine, 43285, avec l'ex-libris de B. Turgot, évêque de Sées, et le timbre de la Bibliothèque de Sorbonne.

417. — Le même. — *Conférences ou instructions sur les épitres et évangiles des dimanches et principales fêtes de l'année et sur les vêtures et professions religieuses, par Armand Jean Le Bouthillier de Rancé, abbé de la Trappe.* Paris, Delaulne, 1698. 4 in-12.

> Cat. Boissier, 1725. 4 l. 15 s.

418. — Le même. — *Conférences ou instructions sur les épitres et évangiles des dimanches et principales fêtes de l'année et sur les vestures et professions religieuses, par le R. Dom Jean Armand, ancien abbé de la Trappe.* A Paris, chez Florentin- Delaulne, 1720. 4 in-12.

419. — [Le même.] — *Traité abrégé des obligations des chrétiens par l'auteur des livres de la vie monastiques.* A Paris, chez François Muguet, 1699. in-12.

> Compte-rendu : *Journal des scavans*, nov. 1699. p. 452.
>
> « *Cet ouvrage n'est que comme l'essai d'un autre plus étendu qu'il avoit dessein de faire. Voici quelle en fut l'occasion : plusieurs de ses amis, gens d'autorité et de distinction, pénétrés d'estime pour ce qu'il avoit écrit des obligations des religieux, crurent qu'il ne réussiroit pas moins bien en parlant des devoirs des chrétiens. Sur cela, ils le pressèrent si fortement qu'ils ne put les refuser. Il l'entreprit donc, mais ses maladies et ses autres occupations ne lui permirent pas de l'achever. Il ne faut donc pas être surpris si cet ouvrage n'est si ample ni de la force de celui de la Sainteté et des devoirs de la vie monastique.* »
> (Marsollier. Vie de Rancé, 1703. II. 103.)

420. — Le même. — *Réflexions morales sur les quatre Evangélistes par Armand Jean le Bouthillier de Rancé, abbé de la Trappe.* Paris, Muguet, 1699. 4 in-12.

> Cat. Boissier. P. 1725. 4 l. 8 s.

421. — Le même. — *Lettres de piété écrites à différentes personnes.* Paris, chez Fr. Muguet, 1701-1702. 2 in-12.

> Compte-rendu : *Journal des scavans,* juin 1701. p. 291 et
> mars 1702. p. 145 : « *Les lettres de M. l'abbé de la Trappe
> sont très propres à confirmer la haute estime que l'on a de ses
> lumières et de sa sainteté. On y voit cet esprit de piété dont il
> étoit pénétré, ce zèle ardent dont il étoit possédé pour l'obser-
> vance régulière, ces grandes idées qu'il avoit de la religion, sa
> science et sa prudence pour la conduite des âmes, combien il
> étoit instruit des devoirs et des obligations de tous les états et
> la parfaite connoissance qu'il avoit des voyes du salut.* » (1702)
> p. 145.

422. — Le même. — *Cinq chapitres tirés du livre de la Sainteté
et des devoirs de la vie monastique où il est traité I, de
l'Amour de Dieu, II, de la prière, III de la mort, IV, des
jugemens de Dieu, V, de la Componction, par Mr Armand le
Bouthillier, ancien abbé de la Trappe.* A Paris, par la Compagnie des libraires, 1707. in-18.

> Cat. Boissier. P. 17025. 5 s.

423. — Le même. — *Pensées et réflexions de M. de Rancé, abbé
de la Trappe.* A Paris, chez Vente, 1767. in-12.

> En tête, portrait de l'abbé de Rancé. Rigaud pinx. Baron
> sculp.
>
> Ces pensées furent publiées par de Marsollier à la suite de sa
> vie de l'abbé de la Trappe. Paris, 1758. II. 499. Sous une autre
> forme.
>
> « *Les pensées qui forment ce petit recueil sont tirées des
> lettres spirituelles du fameux Jean Arm. le B. de Rancé… On
> sait qu'après avoir passé sa jeunesse à la Cour et s'y être livré
> à tout ce que le monde offre d'attraits séducteurs, il fut rappelé
> à la religion et à la piété et ce sont ces sentimens qui éclatent
> dans ses lettres et dans les pensées qui en sont tirées.* » (Mercure
> de France, juin 1767. p. 141.)

424. — Le même. — *Lettre du B. Fastredc, abbé de Cambron,
disciple de S. Bernard et depuis 3. abbé de Clairvaux, à un
abbé de l'Ordre qui sous prétexte de faiblesse ne mangeoit
que des viandes délicates et différentes de la nourriture
commune de l'Ordre, traduite en françois par M. A. J. B.
D. R., abbé de N.-Dame de la Trape, du mesme Ordre de
Cisteaux.* S. l. n. d. 7 p. in-4°.

> Exemplaire : Bibliothèque nationale. D 7610.

425. — Le même. — *Recueil de plusieurs lettres du R. P. abbé de
la Trappe, avec la relation de la mort de quelques religieux
de cette maison, la description de l'abbaye de Sept-Fons et*

un discours du R. P. abbé touchant la réforme outrée qu'on dit être dans son monastère. S. l. n. d. in-12.

Ce recueil est indiqué par le P. Lelong (Bibliothèque historique de la France. I, 13157). M. l'abbé Dubois en a vu un exemplaire à la Bibliothèque de Sept-Fons, portant la date de 1680.

On a attribué à l'abbé de Rancé le *Discours de la pureté d'intention et des moyens pour y arriver.* Paris, 1684. in-12. — Mais il est bien certain que cet écrit n'est pas de lui. De Maupeou le dit formellement dans sa vie de l'abbé (II, 104) en citant ses propres paroles : *Le livre de la pureté d'intention n'est point de moi, mais il n'en est pas moins bon.*

Armand-Jean Le Bouthillier de Rancé, naquit à Paris le 9 janvier 1626 de Denis le Bouthillier et de Charlotte Joly. Il mourut à la Trappe le 27 octobre 1700. Sa vie est trop connue et ses biographes sont trop nombreux pour qu'il soit nécessaire de la résumer ici. Son œuvre, comme on le voit, est considérable. Il a laissé en outre plusieurs travaux restés manuscrits et une correspondance volumineuse dont nous nous occuperons plus loin. Voir les numéros 12 à 15, 61, 68 à 73, 150, 151, 167, 168, 187, 215, 229, 231, 254, 259, 270, 280, 281, 282, 315 à 318, 322, 323, etc., etc.

426. — **Rapin** (le P. René). — *Mémoires du P. René Rapin de la Compagnie de Jésus, sur l'Eglise et la société, la cour, la ville et le jansénisme (1644-1669), publiés pour la première fois d'après le manuscrit autographe par Léon Aubineau.* Paris, Gaume frères, 1865. 3 in-8°.

L'abbé de Rancé. I, 403, 404, 439, 476. II, 367, 389, 393, 481, 483. III, 66.

427. — **Raulin**. — *Notice biographique sur l'abbé de Rancé.*

Plutarque français. Tome IV (1846), p. 207-220, avec portrait.

428. — **Recueil** *de plusieurs pièces concernant l'origine, la vie et la mort de Monsieur Arnauld, docteur de Sorbonne.* A Liège, 1697. in-12.

Extrait de la lettre de Monsieur l'abé de la Trape à Monsieur l'abé Nicaise, chan. de la St-Chapelle de Dijon sur la mort de Monsieur Arnauld. p. 64.

Réponse critique à l'extrait de la letttre de Monsieur l'abé de la Trape. p. 65.

Lettre du P. Quesnel sur l'abbé de Rancé et les religieux de la Trappe pour lesquels il a un profond respect. p. 92-97.

429. — **Règlements** *des religieux de chœur de la congrégation cistercienne de N.-D. de la Trappe en France, rédigés par le chapitre général.* Paris, imp. de Béthune et Plon, 1837. in-8°.

Exemplaire : Bibliothèque Nationale, Ld17 179.

430. — **Règlements** *des frères convers de la Trappe, revus par le chapitre général de la Congrégation.* Clermont, à la librairie catholique, 1850. in-8°.

> Exemplaire : Bibliothèque Nationale, Ld¹⁷ 180.

431. — **Régnier** (Jean). — *Le général des trappistes.*

> *Le Gaulois,* 12 octobre 1892.
>
> Voir : *La Croix,* 13 oct. 1892. Art. sig. V. B. — *La Gazette de France,* 13 oct. Art. sig. L. M. — *Le Monde,* 14 oct. — *L'Emancipateur de Cambrai,* 14 oct. Art. sig. capitaine H. Le Dieu. — *La Mayenne,* 15 oct. — *Le Soleil,* 18 oct. Art. sig. L. de la Brière. — *La Germania,* 20 oct. — *L'Etendard* (Montréal), 21 déc. Art. sig. O. de Poli.

432. — **Renault** (Emile). — *Voyage à l'abbaye de la Trappe, arr. de Mortagne (Orne).* Coutances, Verel et Daireaux, 1846. in-8°.

433. — **Rigaud** (Eudes). — *Regestrum visitationum archiepiscopi Rothomagensis. Journal des visites pastorales d'Eude Rigaud, archevêque de Rouen,* MCCXLVIII-MCCLXIX, *publié pour la première fois, d'après le manuscrit de la Bibliothèque royale avec autorisation du Ministre de l'Instruction publique, par Théodose Bonnin.* Rouen, Auguste Le Brument, 1846. in-4°.

> Visites au monastère de la Trappe en 1250 (p. 78), en 1259 (p. 233) et en 1260 (p. 372).

434. — **Ritser** (Ernst-Ludw.) — *Der Orden der Trappisten.* Darmstadt, Heyer, 1833. gr. in-8°.

435. — **Rivière** (Albert). — *La Grande-Trappe.*

> Art. dn *Monde,* 9 octobre 1892.

436. — **Roche** (Antonin). — *Histoire des principaux écrivains français depuis l'origine de la littérature jusqu'à nos jours.* Paris, Delagrave, 1893. 2 in-8°.

> Voyages de Bossuet à la Trappe. I, 304.

437. — **Roche** (J.-L.). — *La Grande-Trappe.*

> *Echo de l'Orne,* 14 sept. 1857. p. 213.

438. — **Rohrbacher.** — *Histoire universelle de l'Eglise catholique par Rohrbacher, continuée jusqu'en 1866 par J. Chantrel, avec une table générale entièrement refondue et un atlas historique spécial dressé par A.-H. Dufour.* Paris, Gaume frères, 1872. 6° édition. 16 vol. in-4°.

> La régénération de la France préparée par l'abbé de Rancé et l'abbé de la Salle. XIII, 744-755.
>
> Suppression de l'ordre de la Trappe en 1790. XIV, 297.

439. — **Rombault** (l'abbé J.). — *Elisabeth d'Orléans, duchesse de Guise et d'Alençon (1646-1696).*

> Bulletin de la Soc. hist. et arch. de l'Orne. Tome XII. Alençon, De Broise, 1893.
>
> La duchesse de Guise et l'abbé de Rancé. p. 495-502.

440. — **Ruinart** (Dom Thierri). — *Abrégé de la vie de Dom Jean Mabillon, prêtre et religieux bénédictin de la Congrégation de S.-Maur.* Paris, chez la veuve Fr. Muguet, 1709. in-12.

> Sa querelle avec l'abbé de Rancé. p. 152 à 176.

441. – **S[abatier]** (l'abbé). — *Les trois siècles de la littérature françoise ou tableau de l'esprit de nos écrivains depuis François Ier jusqu'en 1781, par ordre alphabétique, par M. l'abbé S***, de Castres.* A La Haye et se trouve à Paris chez Moutard, 1781. 4 vol. in-12.

> Gervaise (dom A.-Fr.). II, 394.
>
> Rancé (dom A.-J. de). IV, 44-49.

442. — **Saint-Evremond.** — *Œuvres de Monsieur de Saint-Evremond.* S. l. 1753. 12 vol. in-12.

> Conversation du maréchal d'Hocquincourt avec le P. Canaye (passage relatif à la Trappe). III, 58.
>
> Epitre de Monsieur le duc de Nevers à Monsieur l'abbé de la Trappe [en vers]. IX, 196 à 201. Elle débute ainsi :
>
>> Quel ange, quel esprit me ravit et m'éclaire
>>> Et soutenant ma foible voix
>>> Me fait pour, la seconde fois,
>> Du profane Hélican passer sur le calvaire
>> Et chercher des lauriers sur l'arbre de la croix?
>
> . . . .
>
> Louis Du Bois la publia dans son hist. de la Trappe. p. 262.

443. — **[Saint-Gervais (Louis le Bouyer de).]** — *Promenade au monastère de la Trappe, avec le plan figuré.* Paris, chez les marchands de nouveautés, 1822. in-12.

> D'après Barbier (dict. des anonymes) cette relation aurait été faite en collaboration avec Brault de la Bazoche-Gouet, ancien sous-préfet, mort à Paris le 4 mars 1829.
>
> Sur la couverture, portrait en pied d'un trappiste en tenue de jardinage.
>
> A la fin vue de la Trappe, lith. de G. Engelmann, accompagnée d'une table explicative.
>
> Exemplaire : Bibliothèque Nationale; Lk7 3587.

444. — **Saint-Simon** (duc de). — *Mémoires du duc de Saint-Simon, publiés par MM. Chéruel et Ad. Regnier fils.....* Paris, Hachette, 1873-1875. 19 vol. in-12.

> Lettre écrite par Saint-Simon à M. de Rancé, abbé de la

Trappe, en le consultant sur ses mémoires. Versailles, 29 mars 1699. I, XXVIII-XXX.

La Trappe et son réformateur et mon intime liaison avec lui; son origine. I, 121, 122.

Régularisation de la Trappe. I, 281, 282.

Monsieur de Rancé peint de mémoire. I, 366-371.

Monsieur de Meaux consulte Monsieur de la Trappe sur Monsieur de Cambray, publie sa lettre à son insu et le brouille pour toujours avec cet archevêque et avec ses amis. Complaisance des ducs de Chevreuse et de Beauvillier pour moi sur Monsieur de la Trappe. Plaisante et fort singulière aventure entre le duc de Charost et moi sur Monsieur de Cambray et Monsieur de la Trappe. II, 54-59.

Méprise de Monsieur de la Trappe au choix d'un abbé et son insigne vertu. Changement d'abbé à la Trappe. II, 122-133.

Mort de Monsieur de la Trappe. II, 363-364.

Monsieur de Saint-Louis retiré à la Trappe. II, 441-444.

On peut consulter utilement l'édition des Mémoires de Saint-Simon, par Monsieur de Boislisle, toujours en cours de publication (Hachette, 1879 ....) qui contient des notes très complètes et des appendices précieux sur l'abbaye de la Trappe et sur l'abbé de Rancé.

445. — **Sainte-Beuve** (C.-A.) — *Port-Royal par C.-A. Sainte-Beuve.* Paris, Hachette, 1867. 3 vol. in-12.

Voyage de M. de Beaupuis à la Trappe en 1696. III, 571.

446. — Le même. — *Portraits contemporains.* Paris, Michel Lévy, 1869. 2 vol. in-12.

La vie de Rancé par Chateaubriand. I, 45-82. Analyse de cet ouvrage, résumé admirablement présenté de l'existence du réformateur de la Trappe.

447. — [**Sainte-Marthe** (le P. Denis de).] — *Lettres à M. l'abbé de la Trappe où l'on examine sa réponse au traité des Etudes Monastiques (de D. Mabillon) et quelques endroits de son commentaire sur la règle de s. Benoit.* Amsterdam, chez Henry Desbordes, 1692. in-12.

I. Lettre à M. l'abbé de la Trappe touchant sa réponse au traité des études monastiques où l'on examine le style de cet ouvrage, de quelle utilité il peut estre, s'il est escrit avec assez de modération, les raisons générales et les principes que l'auteur y établit. p. 1.

II. Lettre à M. l'abbé de la Trappe, où l'on examine l'avant-propos et les trois premiers chapitres de sa réponse. p. 53.

III. Lettre à M. l'abbé de la Trappe, où l'on examine les principales fautes qui sont répandues dans tout le reste de sa réponse. p. 109.

IV. Lettre à M. l'abbé de la Trappe où, après avoir fait voir l'injustice de son procédé, l'on découvre encore quelques fautes considérables de sa réponse et l'on fait un examen abrégé de son commentaire sur la règle de saint Benoit, p. 169.

A la suite on a relié ou on trouve à part les deux ouvrages suivants :

Réponse aux lettres écrites à M. l'abbé de la Trappe pour servir d'éclaircissement à la question des études monastiques. S. l. 1693. in-12.

Recueil de quelques pièces qui concernent les quatre lettres écrites à M. l'abbé de la Trappe. A Cologne, chez Jean Sambix l'aisné, 1693. in-12.

Ces pièces sont les suivantes :

Lettre de M. l'abbé de la Trappe à M. de Santeuil, religieux del'abbaye de S. Victor de Paris, sur le sujet des quatre lettres. 5 novembre 1692. p. 5.

Lettre d'un amy de l'auteur des quatre lettres à M. l'abbé de la Trappe, écrite à M. Santeuil, religieux de S. Victor au sujet de la lettre précédente où l'on voit plusieurs endroits des quatre lettres éclaircis. 7 janvier 1693. p. 7.

Lettre de l'auteur des quatre lettres, écrites à M. l'abbé de la Trappe au sujet de celle qui est adressée au R. P. de Sainte-Marthe de la Congrégation de S. Maur. 16 février 1693. p. 42.

Lettre à un docteur de Sorbonne où l'on examine la lettre adressée au R. P. de Sainte-Marthe de la Congrégation de S. Maur. p. 51.

Comptes-rendus : Bibliothèque historique des auteurs de la Congrégation de S. Maur, par D. Filipe Le Cerf. La Haye, 1726. p. 464. — Histoire littéraire de la Congrégation de S. Maur. Bruxelles, 1770. p. 447.

Exemplaire : Bibliothèque de Versailles, Evd 4. F. R.

448. — **Santeuil** (de). — *La vie et les bons mots de M. de Santeuil avec plusieurs pièces de poésies, de mélanges de littératures.....* A Cologne, chez Abraham L'Enclume, 1740-1744. 2 in-12.

Lettre de Monsieur l'abbé de la Trappe écrite à Monsieur de Santeuil, ce 5 novembre 1690. II, 70.

Lettre de Monsieur l'abbé de la Trappe à J.-B. de Santeuil, de S. Victor, le 14 octobre 1689. II, 81.

Autre lettre de Monsieur l'abbé de la Trappe, ce 12 juillet 1690, II, 82.

Autre lettre du dit sieur abbé de la Trappe, ce 6 février 1691. II, 83.

449. — **Ségur** (marquis de). — *Témoignages et souvenirs.* Paris, Retaux et Bray, 1886. in-12.

La Grande-Trappe de Mortagne, p. 9-44. Impressions de visite au monastère.

450. — [**Sélis** (Nic.-Jos.).] — *Lettres écrites de la Trappe par un novice, mises au jour par M.....* A Paris, chez Garnery, l'an Ier de la liberté. in-12.

> « *Ce petit ouvrage est de M. Selis, déjà connu par une très bonne traduction de Perse et par quelques autres écrits de morale et de littérature qui peignent tous également la douceur de son âme et la justesse de son esprit.* » (Corr. litt.; phil. et crit. adressée à un souverain d'Allemagne par le Bon Grimm et par Diderot. Paris, 1813. XVI, 433.)

Compte-rendu : *Mercure de France*, juin 1790. p. 34-44. Art. signé D...

451. — **Semaine Catholique** (la) *du diocèse de Séez, revue paraissant tous les vendredis, publiée sous le patronage de Monseigneur l'Evêque.* Séez, imp. Montauzé, 1866 à ..... in-8°.

Chapitre général tenu à la Grande-Trappe près Mortagne pour l'établissement des Cisterciens réformés à l'abbaye de S. Paul aux Trois-Fontaines le 13 mai 1868. N° du *29 mai 1868*, p. 534-537.

Les Trappistes à Rome et le Pape (extrait de l'*Univers*). N° du *19 nov. 1868*, p. 108.

Entrée du vicomte d'Archiac à la Trappe de Mortagne. N° du *18 fév. 1869.* p. 309.

Les colons de la Trappe engagés volontaires. N° du *17 août 1870*, p. 736.

Visite de Monseigneur de Séez à la Trappe le 22 juin 1872. N° du *4 juillet 1872*, p. 623.

Chapitre général tenu à la Grande-Trappe par les abbés et prieurs de Trappes de la stricte observance. N° du *19 sept. 1872*, p. 799.

Les Révérends Pères Abbés Cisterciens à Coudé-sur-Huisne. N° du *18 sept. 1873*, p. 801.

Mort à la Trappe du frère convers Ambroise (marquis Emile de Beaumont de Montfla). N° du *4 déc. 1873*, p. 982.

Un départ pour le cloître, par Louis Veuillot. N° du *27 mai 1875*, p. 351.

Entrée à la Trappe de Mortagne de Charles de Courteille, marquis de Chavenay. N° du *27 juillet 1876*, p. 478.

Le carême et l'hygiène [l'alimentation des trappistes]. N° du *22 février 1877*, p. 114.

La fête de l'Assomption au monastère de la Grande-Trappe. N° du *23 août 1877*, p. 532.

Le cercle catholique d'Alençon à la Trappe. N° du *2 oct. 1879*, p. 636.

Expulsion des Trappistes de la Grande-Trappe de Mortagne. N° du *11 nov. 1880*, p. 724-731.

La Grande-Trappe depuis l'expulsion. N° du *18 nov. 1880*, p. 740.

Adieux du P. Prieur de la Trappe de Soligny à ses frères partant pour l'exil (extrait du *Journal d'Alençon*). No du *18 nov. 1880*, p. 741.

Mort du Révérendissime dom Timothée, abbé de la Grande-Trappe. No du *25 nov. 1880*, p. 755-759.

Affaire des Trappistes de Soligny contre les auteurs de l'expulsion (extrait du *Journal d'Alençon*). No du *2 déc. 1880*, p. 772-775.

Les Trappistes payent-ils des impôts (extrait du *Glaneur*). No du *2 déc. 1880*, p. 776.

Les Trappistes devant le tribunal de Mortagne. Jugement. No du *9 déc. 1880*, p. 790.

La Trappe et les décrets. Journée du 6 novembre 1880 à la Grande-Trappe de Mortagne. Les Trappistes devant la justice, par deux expulsés mortagnais. Mortagne, Pichard, in-8o de 120 p. Compte-rendu. No du *7 avril 1881*, p. 223.

Le Révérendissime dom Etienne, abbé de la Grande-Trappe. No du *8 sept. 1881*, p. 573.

Mort du R. P. Pierre, religieux de la Trappe. No du *12 janvier 1882*, p. 21.

Mort du R. P. Albéric (Pierre-François Mousset), religieux de la Trappe. No du *14 juin 1888*, p. 371.

Fête de s. Bernard à N.-D. de la Grande-Trappe. No du *3 sept. 1891*, p. 571.

452. — **Semaine du fidèle.** Le Mans, Leguicheux-Gallienne. in 12.

L'abbé de Rancé dans le Maine et les trappistes manceaux. Année 1866, p. 103, 152, 165, 197 et tirage à part.

453. — **Semaine religieuse** (la) *du diocèse de Nantes, publiée avec l'approbation de Monseigneur l'Evêque.* in-8o.

Dom Urbain Guillet (de Nantes), religieux cistercien de la réforme de la Trappe. 1764-1817. — Année 1885, p. 10, 35-37, 82-85, 113-116 (nos des 3, 10, 24 et 31 janvier) et année 1889, p. 875 (no du 14 septembre).

454. — **Sévigné** (Madame de). — *Lettres de Madame de Sévigné, de sa famille et de ses amis recueillies et annotées par M. Monmerqué, membre de l'Institut. Nouvelle édition revue sur les autographes, les copies les plus authentiques et les plus anciennes impressions et augmentée de lettres inédites....* Paris, Hachette, 1862-1866. 14 vol. in-8o.

Conseil donné à M. de Cessac de se retirer à la Trappe (Mme de Sévigné à Mme de Grignan. *18 mars 1671*). II, 114.

Le maréchal de Bellefonds à la Trappe (Mme de Sévigné à Mme de Grignan. *18 mars 1671*). II, 117.

Le laquais du Coadjuteur à la Trappe (Mme de Sévigné à Mme de Grignan. *15 avril 1671*). II, 167.

Le maréchal de Bellefonds à la Trappe (Mme de Sévigné

à Mme de Grignan. *8 avril 1672*). III, 15. (Mme de Sévigné au Cte de Bussy. *24 avril 1672*). III, 38.

L'abbé de la Trappe (Mme de Coulanges à Mme de Grignan. *2 sept. 1676*). V, 47.

Les religieux de la Trappe (Mme de Grignan au Cte de Grignan. *Mai 1678*). V, 447.

La vie de la Trappe (Mme de Sévigné à Mme de Grignan. *29 nov. 1679*). VI, 107.

La Trappe (Mme de Sévigné à Mme de Grignan. *6 déc. 1679*). VI, 120.

M. Mazarin à la Trappe (Mme de Sévigné au Cte de Bussy. *23 déc. 1682*). VII, 199.

M. de Santenas à la Trappe (Mme de Coulanges à Coulanges. *23 juillet 1691*). X, 40.

La Trappe (Mme de Sévigné à Du Plessis. *15 sept. 1691*). X, 57.

L'abbé Têtu à la Trappe (Mme de La Fayette à Mme de Sévigné. *19 sept. 1691*). X, 59.

Mme de Mornay à la Trappe (Mme de Sévigné à la Ctesse de Guitaut. *22 nov. 1692*). X, 88.

Vie de la Trappe (Mme de Sévigné à Coulanges. *9 sept. 1694*). X, 192.

Démission de l'abbé de la Trappe (Mme de Coulanges à Mme de Sévigné. *8 juillet 1695*). X, 296.

Lettres à M. de la Trappe (Mme de Sévigné à Charles de Sévigné. *20 sept. 1695*). X, 316.

La Trappe (de Coulanges à Mme de Sévigné. *16 fév. 1696*). X, 358.

455. — **Stanislas** (le Frère). — *Circulaire de F. Stanislas, abbé de Septfons, au sujet de la nouvelle vie de l'abbé de Rancé de M. l'abbé Dubois, commençant par ces mots :* N.-D. de Saint-Lieu-Septfons, le 15 oct. 1864, M., depuis longtemps notre Congrégation..... Clermont-Ferrand, imp. de Mont-Louis, s. d. in-8°.

Exemplaire : Bibliothèque Nationale, Ln^27 16967.

456. — **Suel** (François du). — *Entretiens de l'abbé Jean et du prêtre Eusèbe par M. François du Suel, prêtre docteur en théologie et curé de Châtres.* A Paris, chez Frédéric Léonard, 1674. in-8°.

« *L'abbé de Rancé n'eut point de part à ce qui parut d'abord de lui, je veux dire aux entretiens de l'abbé Jean et du prêtre Eusèbe, qu'un curé recueillit des discours de M. de la Trappe et fit imprimer en 1674. Quoique ce livre ne portât pas le nom de M. l'abbé de la Trappe et que le public ne sût pas qu'il étoit de lui, il fut fort fâché qu'on eût donné ses Entretiens au public.* » (Dom Richard. — Dict. universel des sciences ecclésiastiques. T. Ier, p. 742.)

Cat. Boissier. P. 1725. 1 l. 45 s. — Bibliotheca Colbertina. P. 1728. 4 l. 10 s.

Exemplaire : Bibliothèque Nationale, inventaire D 17720. Rel. anc. mar. r., aux armes royales de France.

457. — **Tallon** (Clément). — *Notices topographiques et historiques sur les monastères de l'ordre de la Trappe en France, en Algérie, en Belgique, dans le Royaume-Uni de la Grande-Bretagne et d'Irlande et en Amérique, avec une carte spéciale pour chaque monastère par Tallon (Clément).* A Paris, chez tous les libraires, 1855. in-12.

Notice sur l'abbaye des P. P. Trappistes de la Grande-Trappe, pag. spéc. 1 à 16.

458. — **Tarbouriech** (Joseph). — *Biographie d'Hyacinthe Rigaud par Joseph Tarbouriech, avocat. Edition ornée du portrait de Rigaud, gravé à l'eau-forte par G. Vuillier.* Perpignan, 1889. in-18.

Son portrait de l'abbé de Rancé. p. 22.

459. — **[Tencin** (Madame de).] — *Les mémoires du comte de Comminge (par d'Argental, la marquise de Tencin et Pont de Vesle).* La Haye, Néaulme, 1735. in-12.

C'est à ce roman que Baculard d'Arnaud emprunta son drame. Voir les nos 29 à 35 p. 8 et 9, 148 et 149 p 30, et 262 p. 52 de cette bibliographie.

Compte-rendu : *Notice sur la vie et les ouvrages de Mme de Tencin, par L.-S. Auger.* S. l. n. d. p. 11.

Cat. duc d'Aumont. Paris, 1782. 1 l. 10 s.

460. — **[Le même.]** — *Mémoires du comte de Comminge.* A Amsterdam et se trouve à Paris, rue et hôtel Serpente, 1786. in-16.

Dans le tome premier des œuvres de Mme de Tencin, en 7 volumes.

461. — **[Le même.]** — *Œuvres complètes de Madame de Tencin. Nouvelle édition, revue, corrigée (contenant les mémoires du comte de Comminge, le siège de Calais, etc.....) et précédée d'une notice historique et littéraire.* Paris, d'Hautel, 1812. 4 in-18.

462. — **[Le même.]** — *Mémoires du comte de Comminge. Nouvelle édition.* Paris, Didot l'aîné, 1815. in-18.

463. — **[Le même.]** — *Memorias del conde de Comminge novela... traducida al castellano.* Paris, Wincop, 1828. in-18.

464. — **[Le même.]** — *Mémoires du comte de Comminges. Le*

siège de Calais. Notice et notes par M. de Lescure, eaux-fortes de Dubouchet. Paris, A. Quentin, 1885. in-8°.

465. — [**Thiers** (abbé Jean-Baptiste).] — *Apologie de M. l'abbé de la Trappe. S. l. n. d. [Grenoble, 1694]. in-12.*

En sous-titre : *Au Révérend Père dom Denys de Ste-Marthe.*

Cet ouvrage ayant été supprimé dès son apparition est fort rare. L'abbé de Rancé, dans une de ses lettres, rend compte de la façon dont cette suppression eut lieu :

« *Il est arrivé une avanture au pauvre M. Thiers... On avoit sceu qu'il faisoit un livre pour ma deffense, on me l'avoit mandé de quantité d'endroiz et mes amis n'estoient point d'avis qu'on le donnast au public; je n'avois, monsieur, non plus de part que vous à cet ouvrage, je luy écrivis avec beaucoup d'instance pour le prier de le suprimer et de ne le point publier ; le pauvre homme qui est plein d'amitié et de zèle pour tout ce qui me regarde ne put se laisser persuader à ce que je luy demandois, m'alléguant toutes les raisons qu'on pouvoit imaginer dans une telle occasion. Ceux qui n'avoient pas envie qu'il vist le jour firent des diligences pour scavoir en quel lieu le livre s'imprimoit. On a découvert enfin que c'estoit à Lyon et on a enlevé tous les exemplaires par ordre de M. le Chancellier. Vous jugez bien la peine qu'en a eu l'auteur. Mon souhait a esté accomply en ce que le livre ne paroistra point, mais je suis fâché du déplaisir qu'en a M. Thiers et il ne se peut pas que je ne le ressente vivement, y estant obligé par justice et à titre de reconnoissance.* » (Lettre de l'abbé de Rancé à M. l'abbé Nicaise, 11 février 1694. — Bib. Nat., fr. 9363, f. 188 v°.)

« *On n'est pas d'accord sur l'année de son impression. Dreux du Radier dans ses Eloges historiques des hommes illustres du Thymerais, p. 52, la fixe vers 1699. L'abbé Goujet, dans le second supplément du dict. de Moréri, la fixe au contraire à 1694 et c'est l'opinion la plus probable.* » (Mélanges de critique et de philologie, par Chardon de la Rochette. III, p. 280, note 6.) Il semble bien résulter en effet de la lettre précédente que cette dernière date est la bonne. Dans tous les cas celle de 1699 ne saurait être admise et comme l'ouvrage de M. Thiers était une réponse aux lettres de Denys de Sainte-Marthe parues en 1692, on peut sans crainte affirmer que l'impression en eut lieu en 1693 ou au début de 1694.

Compte-rendu : *Mercure de France*, juin 1755. p. 95.

Cat. Boissier. P. 1725. 13 s. — Cat. abbé d'Orléans de Rothelin. P. 1746. 5 l. 19 s.

Exemplaires : Bibliothèque Nationale, Ln^27 16953. — Bibliothèque de Dijon. — Bibliothèque de M. de La Sicotière.

466. — **Thomassu** (J.-L.-F.-M.). — *Recherches historiques sur Nogent-le-Rotrou, l'abbaye de Thiron, le château de Villebon, les châteaux de Belesme et Mortagne et l'abbaye de la Trappe,*

par J.-L -F.-M. Thomassu, employé à la sous-préfecture.
A Chartres, chez Garnier fils, 1832. in-8°.

> L'abbaye de la Trappe, p. 134 à 138.

467. — **Thuillier** (D. Vincent). — *Ouvrages posthumes de D. Jean Mabillon et de D. Thierri Ruinart, bénédictins de la Congrégation de S. Maur, par D. Vincent Thuillier.* Paris, Fr. Babuty, 1724. 3 in-4°.

> Histoire de la contestation sur les études monastique entre le R. P. Armand-Jean Bouthillier de Rancé, abbé de la Trappe, et D. Jean Mabillon, religieux de la congrégation de S. Maur. Tome Iᵉʳ, livre IV, p. 365-425.
>
> Il s'y trouve à ce sujet des lettres de M. Huet à Mabillon, du card. Le Camus, de D. Mathieu Petitdidier, de M. l'arch. d'Alby, du card. de Aguirre à Mabillon, de l'abbé de la Trappe au curé de S.-Jacques du Haut-Pas, à la princesse de Guise, de madame de Guise, de Paul Pezeron à Mabillon, de Mabillon à D.-Cl. Estiennot, etc., etc.
>
> « *D. Thuillier fit imprimer dans l'hist. des Contestations.... un mémoire sur la dispute des études monastiques que M. Nicole avoit communiqué à Mabillon et que l'on retrouva dans les papiers de celui-ci après sa mort. Outre ce mémoire, M. Nicole avoit jeté sur le papier quantité de réflexions sur la réponse de M. de Rancé au traité des études monastiques qui n'ont jamais été publiées.* » (Vie de M. Nicole. Lux. 1732. p. 237.)

468. — **Tilly** (comte de). — *Mémoires du comte Alexandre de Tilly pour servir à l'histoire des mœurs de la fin du* XVIIIᵉ *siècle.* Paris, chez les marchands de nouveautés, 1828. 3 in-8°.

> Son désir de se retirer à la Trappe et le séjour qu'il y fait. II, 88.

469. — **Trésor** *de numismatique et de glyptique ou recueil général de médailles, monnaies, pierres gravées, bas-reliefs, etc., tant anciens que modernes, les plus intéressans sous le rapport de l'art et de l'histoire, gravé par les procédés de M. Achille Collas, sous la direction de M. Paul Delaroche, peintre, membre de l'Institut, de M. Henriquel Dupont, graveur, et de M. Charles Lenormant, conservateur-adjoint, du cabinet des médailles et antiques de la bibliothèque royale.* A Paris, au bureau du trésor de numismatique et de glyptique, 1834-1850. 22 in-fol.

> Description d'une médaille de l'abbé de Rancé, 1693, avec fig. (*Médailles françaises*, 2ᵉ et 3ᵉ partie, planche XXXII, n° 6.)

470. — **[Treuvé** (Simon-Michel).] — *Histoire de Monsieur Duha-*

mel, docteur en Sorbonne et curé de Saint-Merry. S. l. n. d. [1690]. in-12.

> M. Cordon, ancien vicaire de M. Duhamel à S.-Merry, se retire à la Trappe. p. 150.
>
> Relations de M. Duhamel avec l'abbé de la Trappe. p. 160, 163, 164, 190.
>
> Visite de M. Duhamel à la Trappe. p. 169 à 172.
>
> Service à la Trappe à la mémoire de M. Duhamel. p. 195.

471. — **Trévoux.** — *Dictionnaire universel françois et latin, vulgairement appelé dictionnaire de Trévoux..... Nouvelle édition.* Paris, 1771.

> Long article sur la Trappe.

472. — **Us** *de la Congrégation cistercienne de Notre-Dame de la Trappe, primitive observance, rédigés par le chapitre général.* L'Aigle, imp. de P.-E. Brédif, 1852. in-12.

> Exemplaire : Bibliothèque Nationale, Ld17 181.

473. — **Us** *des frères convers de la Congrégation cistercienne de N.-D. de la Trappe, primitive observance, rédigés par le chapitre général de 1851.* L'Aigle, imp. de P.-E. Brédif, 1852. in-12.

> Exemplaire : Bibliothèque Nationale, Ld17 182.

474. — **Valery.** — *Correspondance inédite de Mabillon et de Montfaucon avec l'Italie, contenant un grand nombre de faits sur l'histoire religieuse et littéraire du XVIIe siècle, suivie de lettres inédites du P. Quesnel à Magliabechi, bibliothécaire du grand-duc de Toscane, Cosme III, et au cardinal Noris, accompagné de notes, d'éclaircissements et d'une table analytique, par M. Valery.* Paris, Jules Labitte, 1846. 3 in-8°.

> Controverse de l'abbé de Rancé avec D. Mabillon au sujet des études monastiques : Lettres de Michel Germain à Magliabechi, 12 mars 1691. II, 318, 320; de Mabillon au cardinal d'Aguirre, 15 déc. 1691. II, 326; de Michel Germain à Magliabechi, 14 janvier 1692. II, 332; de Mabillon à Magliabechi, 23 juin 1692, II, 335; de Michel Germain et de Mabillon au même, 1er sept. 1692. II, 340, 342; de Michel Germain à Gattola, 1692. II, 344; de Mabillon au cardinal d'Aguirre, déc. 1692. II, 346; de Michel Germain à Gattola, 1693. II, 347, 348, note 1.
>
> L'abbé de Rancé combattu par Dom Mège : Lettre de Claude Estiennot à Michel Germain, 2 déc. 1687. II, 126, 128, note.
>
> L'abbé de Rancé combattu par le P. de Sainte-Marthe : Lettre de Gattola à Mabillon, 21 sept. 1699. III, 84.
>
> Du besoin de publier de l'abbé de Rancé : Lettre de Michel Germain à Gattola, 1692. II, 329.

De la relation de la vie et de la mort de quelques religieux de la Trappe, par l'abbé de Rancé : Lettre de Mabillon et Th. Ruinart à Magliabechi, 8 mars 1696. II, 397.

Du livre de la sainteté et des devoirs de la vie monastique : Lettres de Claude Estiennot à Charles Bulteau, oct. 1685. I, 157, 160, note; de Jean Durand, Mabillon et Cl. Estiennot à Ch. Bulteau, 4 déc. 1685. I, 176. III, 295.

Sur le livre des « Eclaircissements » : Lettre de J. Durand, Cl. Estiennot à Ch. Bulteau, 7 déc. 1685. I, 187, et 15 janv. 1686. I, 200.

L'abbé de Rancé et la congrégation de S. Maur : Lettre de Michel Germain à Claude Bretagne, 28 janvier 1686. I, 240. III, 295.

La Trappe et le jansénisme : Lettre de Montfaucon à Gattola, 1698. III, 50.

475. — **Varin** (Pierre). — *La vérité sur les Arnauld complétée à l'aide de leur correspondance inédite.* Paris, Poussielgue, 1847. 2 in-8°.

> Correspondance de d'Andilly avec l'abbé de Rancé. I, 106.
> Lacune dans la vie de Rancé. I, 107.
> Rancé janséniste modéré. I, 110.
> Rancé janséniste malgré lui. I, 116.
> Rancé en présence du grand Arnauld. I, 129.
> Rancé en présence de d'Andilly. I, 156.
> Etude sur le Tartuffe. I, 182.

476. — **Vaudoré** (G.-Symphorien). [André **Jacoby**]. — *Pélerinage à la Trappe. Soligny.* Paris, imp. de Ducessois, s. d. in-8°.

> Signé : *G.-Symphor. Vaudoré.*
> Extrait de *la France littéraire*, octobre 1837.
> Exemplaire : Bibliothèque Nationale, Lk7 3591.

477. — **Vaugeois** (Gabriel). — *Histoire des antiquités de la ville de l'Aigle et de ses environs..... ouvrage posthume de J.-F.-Gabriel Vaugeois, édité et publié par sa famille.* A l'Aigle, chez P.-E. Brédif, 1844. in-8°.

> Fondation de la Trappe, sa suppression en 1789, p. 271, 556, note 80.

478. — **Vaysse de Villiers**. — *Itinéraire descriptif ou description routière, géographique, historique et pittoresque de la France et de l'Italie. Région de l'Ouest.* Paris, chez Potey, 1822. in-8".

> Trappe de Mortagne, p. 228 à 240.

479. — **Vérité** (Hippolyte). — *Citeaux, la Trappe et Bellefontaine au diocèse d'Angers.* Paris, René Haton, 1883. in-12.

> La Trappe, son origine, p. 52 à 65.

L'abbé de Rancé et la réforme de la Trappe, p. 67 à 104.
Dom Augustin de Lestrange, p. 127 à 181.
Les Trappistes, leur vie, p. 267 à 324.
L'agriculture au monastère, p. 409 à 458.

480. — **Vert** (Claude de). — *Explication du chap. 46 de la règle de S. Benoit pour servir d'éclaircissement à la question des études monastiques, par fr. Colomban [don Cl. de Vert, cluniste].* [1693.] in-12.

> Compte-rendu : *Hist. litt. de la Cong. de S. Maur.* 1770. p. 255.

481. — **Vienne** (Henri). — *Une page de la Fronde, par Henri Vienne.*

> L'abbé de Rancé chez la duchesse de Montbazon. Journal *le Pays,* nos des 6, 7 et 9 janvier 1862.

482. — **[Vigny** (Alfred de).**]** — *Le Trapiste, poème par l'auteur des Poèmes antiques et modernes, Héléna, le Somnambule, la Femme adultère, la Prison, etc..... Seconde édition.* Paris, Guiraudet, 1822. in-8°.

483. — **[Le même.]** — *Même ouvrage, même titre. Troisième édition.* A Paris, chez Guiraudet et Gallay....., 1823. in 8°.

484. — **Voisin** (Félix). — *Rapport sur les prisons de l'Orne et sur la colonie agricole de la Trappe.*

> *Annales de l'Assemblée nationale. — Compte-rendu in extenso des séances. Annexes. Tome XLV. Enquête parlementaire sur le régime des établissements pénitentiaires.* Paris, 1876. gr. in-8°. — *Séance de la commission du 13 décembre 1872.* (Rapport présenté à la séance de la Chambre du 18 mars 1873.) p. 135.
>
> M. Voisin était accompagné dans sa visite à la Trappe de M. Demetz.

485. — **Voltaire**. — *Œuvres complètes de Voltaire avec des notes historiques et une table analytique des matières. Nouvelle édition.* Paris, chez Alexandre Houssiaux, 1852-1862. 13 gr. in-8°.

> Vers de Ph.-Julien-Mazarin Mancini, duc de Nevers, contre l'abbé de Rancé. IV, 46.
> Notice sur l'abbé de Rancé. IV, 50.
> Préface de la *réponse d'un solitaire de la Trappe à la lettre de l'abbé de Rancé, par la Harpe.* 1767. IX, 265.
> Lettre au roi de Prusse, 5 avril 1767. X, 287.
> Sur l'héroïde de la Harpe. XII, 767.

486. — **[Le même.]** — *Les choses utiles et agréables.* Berlin, 1769. 3 in-8°.

Héroïde d'un moine de la Trappe. Préface de M. Abauzit [Voltaire]. II, 161-175. Voir le nᵒ 249.

487. — **Voyage** *dans les départemens de la France par une société d'artistes et gens de lettres, enrichi de tableaux géographiques et d'estampes. Département de l'Orne.* A Paris, chez Brion..... 1793. in-8ᵒ.

Plusieurs pages de critiques violentes sur la Trappe et sur son réformateur. p. 24 à 37.

www.ingramcontent.com/pod-product-compliance
Lightning Source LLC
Chambersburg PA
CBHW052032270326
41931CB00012B/2457

9 782012 638082